藝術大師 10

鍾肇政的台灣塑像

黃秋芳 著

國家文化藝術基金會 贊助出版

國家文化藝術基金會文藝獎的意涵

代序

國家文化藝術基金會文藝獎設置的宗旨，爲鼓勵具有累積性成就之傑出文藝工作者，以全面提升文藝水準。

所謂累積性成就，是指文藝工作者長期投注文化藝術的工作，累積了相當的作品，並且仍持續的在該領域內創作獲得的成就，對社會具有傳承及影響的作用。因此與得獎者的年齡、學歷、背景沒有必然關係，而是以其創意和藝術上的成就爲主要考量。本獎項獎勵的類別包括文學、美術、音樂、舞蹈、戲劇。由於每個類別的生態不盡相同，得獎者的專業背景和對該類文藝生態的貢獻和影響也各自有異，因此呈現出來的是多元化的內涵和風貌，從而反映這個時代的精神和特色，這也正是本基金會設立文藝獎的意涵之所在。

第三屆「文藝獎」經過縝密的評審，五位得獎者的名單已於一九九九年八月公布，分別是：文學類鍾肇政、美術類張照堂、音樂類馬水龍、舞蹈類平珩、戲劇類聶光炎。並舉辦一系列的後續推廣活動，包括：得獎者成就座談會、得獎者專題演講、紀錄片製播及成功大學、元智大學、中山大學、雲林科技大學、交通大學、中正大學等大專院校的駐校藝術家活動。

前兩屆「文藝獎」得獎者的傳記，已分別於一九九八、一九九九年以「藝術大師」的叢書方式出版，由於開風氣之先，加上內容充實，頗受藝文界和出版界的重視，媒體也給予好評。咸認爲這套叢書的出版，爲當前政界與商界聞人傳記充斥的書市，開啓一道清流，也爲社會增添了一份文化藝術的氣息。

第三屆的文藝獎得獎者傳記，本基金會仍委託時報出版公司出版。

閱讀藝術家之傳記，了解他們之生平，追循他們藝術創作根源脈絡，期盼藝術家之人格風範與藝術氣氛能因這套書之出版而廣爲流傳，以擴大文藝獎的影響力，是所至盼。

目錄

空中飛行

黃秋芳

我們生活著的這個島嶼，到底，會讓我們想到什麼呢？

很久很久以前，大部分的人都喜歡說，我們像蕃薯。雖然很小，但可以填飽肚子；雖然不太起眼，髒兮兮的外皮底下，卻含藏著芬芳和甜美；落地生根，在任何環境都可以生長，適應力很強。

可是，它那麼便宜，蕃薯肉又鬆軟，一打就爛了，像台灣人的軟弱、台灣建設裡的千瘡百孔、台灣歷史文化裡的脆弱貧薄……，一切都是速成的，嗅到一點點甜頭或恐懼，總是一窩蜂不用大腦地往裡跳，直到吃盡苦頭，才又在千辛萬苦中勇敢地排除困頓、克服艱險，有人這樣形容：「確實很像蕃薯，吃了就脹氣，要等到放個屁才真能舒坦起來。」

當然，我們確實不太能夠接受，這混亂中的掙扎和努力，不過被當成「放一個屁」的過程。到了二十世紀末，更多的人，急切在尋找著台灣定位的新可能，那一葉蕃薯地形，睡在台灣海峽和太平洋的交界中，幻化成一尾矯健的魚，活潑自在，對一切好奇，處處在尋找機會，即使面對面地迎著虎視眈眈的巨鯊攻擊，也能從容向更寬闊的天地游去。

生活在這個新與舊、毀滅與希望、上昇與沉淪交界的時空裡，有人覺得，台灣混亂的垃圾、破壞、貪婪、自私、怨懟、虛矯……，像烏賊吐汁蓋住了大部分的視野；像稀有動物，需要被保護，意外一發生就冀求國際援助；像老鼠，一發生事情，大家只想溜；像破碎的葉子，等著被大陸摧殘；可是，也有人相信，台灣像星星，雖然小，也會在天空中佔一席之地……。

你呢？生活在這個島嶼上的每一個人，有沒有想過，如果我們在空中飛行，究竟，我們如何為屬於我們的台灣塑像？

如果我們在空中飛行，究竟，我們會看見什麼樣的歷史？會如何接收到歷史中閃耀過的每一個名字？會如何把台灣當作一個整體，看見以文學家做標示的「文學版圖」，看見以族群興衰移動做標示的「族群版圖」，看見音樂，看見攝影，看見繪畫，看見古書院，看見抗爭英雄，看見任何主題呈現出來的鮮明印象。

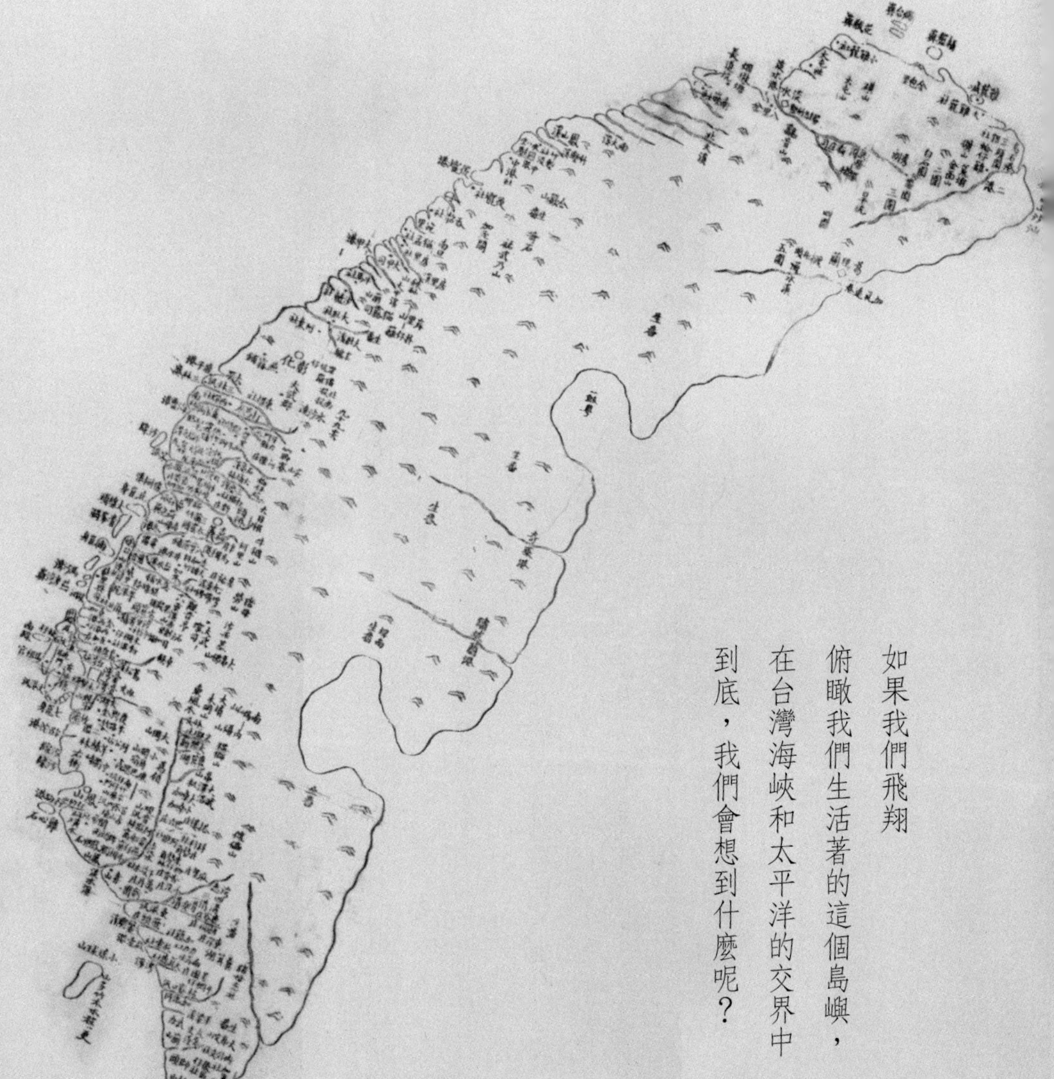

如果我們飛翔
俯瞰我們生活著的這個島嶼，
在台灣海峽和太平洋的交界中
到底，我們會想到什麼呢？

第三屆國家文藝獎得主，前左起聶光炎、鍾肇政、馬水龍；後左起平珩、張照堂（中國時報資料照片／陳建仲攝影）

國家文化藝術基金會「文藝獎」的標示，也是一幅華美的文化版圖。

我從來沒有看過任何一個別人，像鍾肇政這樣，堅韌地、無聲地用漫長的一輩子，純粹地，只作一件事。用他的文字，用他的語言，用他的社會參與，用他一日又一日始終不曾更易的生活方式，一斧一鑿、年深日久，執拗著爲台灣塑像。

他沒有多說，可是，我們看見一個捏塑著台灣形貌的孩子，跨過歷史亡靈，超越殖民歷史傷痕，在挫折創痛中成長、成熟，走過那永遠不能複製的一輩子，音聲步履，形象鮮明地留給我們。

第一章　徬徨少年時

心理學上有一種「第一印象」的說法。
我們也許曾經聽過大人這樣敘述過我們，
或者，確實真正有過淺淺的印象，
在我們的腦子裡，能夠回溯到的「最早最早的記憶」，
和我們的原生家庭、我們的行為模式以及我們的價值選擇重疊在一起，
我們就這麼無形地被「第一印象」捏塑了一輩子。

老鷹的眼睛

有時候從外表看起來，很多人都覺得，鍾肇政沉靜而膽小，可是，跟隨著鍾肇政所能記得的「最早最早的記憶」，划進時光的河裡，小小的鍾肇政，跟著爸爸到學校去，不知道是誰怎麼抓到的一隻老鷹，和他差不多一樣高，他好像一點都不怕似地，只覺得好玩，常常去抓一些青蛙來餵牠，當老師跟學生在教室裡上課時，他多半一個人，寂寞而讓人不得不驚奇地，在走廊上和老鷹玩，那嘴巴彎彎、那閃閃發亮的眼睛，拼貼在記憶的長廊裡，閃著光，爍爍耀目。

老鷹的眼睛。鍾肇政一直記得的生命最初。

也許，他的生命本質是我們看不見的、一隻昂揚在雲端裡孤獨的鷹。這個如鷹一般調皮而不知天高地厚的孩子，出生在一九二五年，一月二十日，拘謹自律的摩羯座，剛好最後一天，即將迎向佻達自由的水瓶座，他被丟在摩羯和水瓶的交界裡，充滿拉鋸和矛盾地快樂著，也同時，不快樂著。

從一八九五年清廷割台、台灣淪爲日本殖民地；經過一九一八年第一次世界大戰後美國總統威爾遜發表和平宣言主張民族自決後，一九二〇年間「啓發會」、「新民會」等台灣民間組織先後成立，以林獻堂爲首展開了台灣議會設置運動，台灣人的第一份新時代雜誌《台灣青年》在東京創刊問世；一九二一年台灣文化協會成立；一九二二年，第一篇台灣小說謝春木的短篇小說〈她要往何處去〉，以日文發表在《台灣青年》改版在台發行的《青年》雜誌上。

一般評論者常把《台灣青年》的創始發行，當作台灣文學的發軔。葉石濤在《台灣文學史

鍾肇政父親鍾會可

綱》裡，就釐訂一九二〇年到一九二五年為台灣文學的「搖籃期」，然後，自一九二六年步入台灣文學的「成熟期」。

不是很有意思嗎？在台灣文學搖籃期最後，處身在這個文學中介世代的鍾肇政，一九二五年，渾然不覺地出生在距離文學、距離創作、距離文化運動很遠很遠的桃園荒僻台地，龍潭九座寮，離他目前龍華路住處不過一公里多。

隔著龍潭核心才一公里多的短短距離，九座寮顯得僻靜極了，相思林樹影掩翳，曾經，鍾家在那裡擁有一座相當大、幾乎算是龍潭最華麗的祖堂。那漂亮的祖堂，維持了百年歷史，只可惜，年代一久，房子老舊，經常漏水，不得不拆掉重建，後來，連祖堂後面那一片樹林，前面那一條天然的水溝，不遠處的筆架山，遠方的中央山脈，連綿起伏著的鳥嘴山、插天山、遠遠的雪山……，這種植在鍾肇政腦海裡最優美清雅的環境，無可選擇地，隨著北二高從鍾氏老家屋前切過，屋後的松樹林整片被砍伐，雖然又長出雜樹，但是，天然景觀已遭破壞，失去了原有的氣質。

我們只能假想。想像著，很久很久以前，大陸原鄉的生活一定是艱難的，以致於森森的黑水溝也不能挫折障阻，兩百年前的來台開基祖鍾朝香，從遙遙的海的對岸，廣東嘉應州長樂縣（今廣東五華），輾轉來到台灣，渴望創造一個更好的生活家園。

來台第一代和第二代都是文盲，第二代的二房鍾天富務實幹練，在當時竹塹一帶，買了大片土地，日漸繁衍擴張，以爲生活已然安定平順，直到生意來往時因不識字，被騙隨意畫押而吃了大虧，從此才痛切地感到「識字」的重要。

到了第三代，鍾肇政的曾祖父鍾興傳，總算結束了鍾家的文盲時期。興傳公將近三十歲才開始讀書，雖然讀得不錯，但比起七、八歲就啓蒙的人，總是差一些，當時必須赴台灣府（台南）考試，考了幾次都不如意，據說最後一次考試時，一起赴考的還有兩個親自調教的子姪，他被懷疑是頂替姪子應試而遭逮捕，誰都沒有考取，這也是他們最後一次赴考場，因

消失了的九座寮鍾氏祖堂

爲次年（乙未）日本人就來了。

沒考上科舉考試，只好再回來教書。興傳公刻苦用功，學問淵博，是當時龍潭地區各門館爭相聘請的塾師。

父親鍾會可八歲那一年，日人來台。

他們不願意受日本統治，曾祖父就帶著多房子弟回大陸原鄉，只留長子在台灣管理田園、掌理家務，並且將田園的出息滙去原鄉供曾祖他們生活，然而他們在大陸坐吃山空，終非長久之計，生活越來越窘促，只得又返回台灣，曾祖父仍當私塾漢文老師，因爲祖父是長子，必須管理田園、掌理家務，所以沒有讀書。

日治時期，不懂日文非常吃虧，於是身爲長孫的鍾會可，被選中去唸日本書。

這個農民的兒子在現實的壓力下，十六歲才唸國小——當時稱爲公學校，因爲功課突出，在日本老師鼓勵下，越級考上「台灣總督府國語學校」，四年後畢業，被分發到中壢、龍潭等好幾個公學校任教，隨著教職遷居各處，終其一生，成爲一個卓越的教育工作者，直到今天，桃園、中壢一帶的碩彥俊秀，還有不少是他當年的門生。

鍾會可和出身優渥的吳絨妹結婚。從小讀漢書的吳絨妹，在日本人來了以後還讀了小學，寫得一手好字，鄉下辦桌請客時，家家戶戶總是互相支援各自家裡的圓凳，他們家每一張圓凳底下，都清楚地留下她親手寫的「鍾」字，筆致生動極了。

這對愛讀書的父母，對待孩子總是多了幾分溫厚。一連生了五個女兒以後，「想要生男孩」的急切心理，投射在特意爲老五選定的名字上，「連弟」，這個熱烈而又意思清楚的名字，終

鍾肇政父親和母親吳絨妹

於盼來了第六個才生下的兒子。好像，鍾肇政一生下來就被女性團團圍住。家裡面除了父親跟剛出生的小嬰兒，其他都是女性，萬千寵愛集一身，特別是那些姊姊，能護的、能讓的，都在這小男孩還沒長大以前，柔軟地包覆著他。

等待著他，有一天也閃著光。鑠鑠耀目，如牢牢刻在他記憶裡的那一雙，老鷹的眼睛。

繁華大稻埕

鍾肇政出生後不久，受到世界性經濟不景氣波及，日本的經濟受到重創。由於父親鍾會可教書的資歷深，薪水高，幾乎相當於兩個新進教員的薪水，只好在日本政府的壓力下辭職。這個一向只會教書的讀書人，離職後返回老家居住一段時間，覺得前途茫茫，也沒有別的更好的選擇，就在一位阿姨的介紹下，遷居台北市。

這位阿姨姓李，是母親的表妹，十幾歲就到他們家幫忙帶小孩，大姊姊、二姊姊就是她揹大的，其實，她的歲數跟大姊也沒差多少，了不起多個五、六歲，後來父母親幫她做媒，嫁給父親一位邱姓同事，婚後，姨丈辭掉學校工作，上台北到大稻埕的首富李春生家做收租之類的事情，那時李春生已經過世，阿姨住在李春生家裡當女管家。

因為鍾肇政年紀還小，住台北的時間又不長，許多記憶都是模糊的，依稀記得家裡的住處是賣福州杉的店，屋後經常堆放一根根的木材。印象最深刻的是，常常有中國來的生意人到家裡談生意，他們每次在接過奉茶後，第一口，習慣把茶水含在嘴巴裡，咕嚕咕嚕，大聲漱著

在永樂町太平公學校上一年級。級任老師林春雨（中右），
這是從幼到老一直鏤刻在他腦膜上的第一個恩師名字。

口，漱完後，又咕嚕一聲，大口吞下去，讓小鍾肇政看得很害怕，覺得他們好髒，等到他們一離開，父親又會說：「這些長山人，隨便吐痰，眞不講究衛生。」

街路盡頭就是李春生大宅的後門，李宅前門是永樂街（現在的迪化街），街路兩旁都是一些商店、染坊，只有李宅沒有開商店，大門深鎖，從前門進入往裡面走，越來越大，像迷宮一樣。從住家（兼杉行）屋後往右，可以看到圍有迴廊的洋房，裡面有人在打麻將，右邊望去，則是有美麗花園的怡和行，住處後面就是淡水河的水門，風雨一大，水門就會關閉，可以看到浪花洶湧的情形，颱風一來，街道都淹水，小販以門板爲船，載著青菜、蚋仔肉等叫賣的情形，還清楚地留在記憶裡。

李阿姨一直覺得受到母親很多照顧，母親還幫她做媒，所以搬到台北以後，她對他們很好，尤其是鍾肇政，當她邀母親去看戲時，總把鍾肇政帶在身邊，到後車站對面的「大舞台」去看歌仔戲，到永樂市場對面，城隍廟旁邊的「永樂座」、「第一劇場」去看電影，從小把鍾肇政訓練成一個標準的小戲迷。

印象最深刻的是「火燒紅蓮寺」，一直到他搬回龍潭，當這片子以一片「雨景濛濛」的面目巡迴在鄉間上映時，他還能夠「預言」情節，在同儕間出了好一陣子鋒頭。

這樣不識人間愁滋味地在台北「玩」了三、四年，進入太平公學校就讀。

沒想到，大姊染上了傷寒。那時候的她青春華美，二十歲，快要訂婚了，對象是後來鍾肇政妻子的叔叔，他們計畫著結婚後雙雙到中國去，模糊記得，聽到大人談論著，日本人爲了撲滅傳染病，不但把病人隔離，要住院，還把病人住家全面消毒，周圍用草繩圈起來，不讓人進出，也聽說若是病人醫不好，就把他毒死。那是一種傳言，不一定可信。只是，大姊得了傷寒住進馬偕醫院時，家人都不能進病房，只能從窗口望望，直到大姊臨終闔眼，父母親非常傷心。

隨後又發現母親也感染了同樣的病狀，她好害怕，不敢去西醫那裡拿藥吃，怕一到了西醫那裡，很快就會像大女兒一樣被轉到大醫院住院隔離，於是她就回鄉下老家，聽說吃羚羊角、犀角等中藥吃好了（當然，現在回想起來，她的病沒有經過檢驗，只因爲症狀跟大姊相像，就認爲同樣是傷寒）。

這年，鍾肇政七歲。四月才入學開始學日文，八月又遷居桃園，轉入桃園公學校就讀。

福佬屎的新生活

出生後跟著父親調職大溪的鍾肇政，三年後搬到臺北，平日和他玩鬧著的都是福佬籍的鄰居和親人，他很快就說得一口流利的福佬話。八歲回到龍潭就讀公學校二年級，周圍的鄰居親人全都換成客家人，他那聽熟、講熟了的福佬話，立刻成爲同齡玩伴談笑間具體生動的對象，「福佬屎」，他們總是這樣取笑捉弄他。

老家的親戚除了「福佬屎」的通用稱呼之外，屘叔還發明了「反種仔」這渾名來逗弄這個孩子，一碰面就反種仔長、反種仔短，充滿了歧視和輕蔑，隨時提醒他，他的母親是福佬人，他不過是個在都市長大的嬌客，只要是集體玩耍嬉戲，他不會帶頭，只能當個小嘍囉，從來不爬大樹、不去探險，在鄉下的農人親戚間，像貼了一張「非我族類」的標示。

他那幸福快樂的個人世界，開始面臨撞擊和痛楚。

生活環境完全改變，父親在街路上開了一家小小的雜貨店，賣香煙、鹽等專賣品，還有一些日常用品，讀書人轉行成生意人，心境和技能上的各種更易，都需要適應，光顧著家計就手忙腳亂了，那裡有多餘的心力注意到孩子的心理障礙？可是，對鍾肇政來說，從台北遷回龍潭，像是到了一個新的星球。福佬聚落的開放和客家生活的矜持，不同的生命堅持，在他心裡

鍾肇政和最疼愛他的小姊姊

撞擊著，沒有人可以討論，也沒有人注意到這個一向被捧在掌心裡的小寶貝，腦子裡正無時無刻不在激烈地辯爭奮戰。

他只能一方面辛苦而熱切地學客家話，習慣來自老家的一大串親戚，一方面又沉默而混亂地在心裡思考著、斟酌著，塞進一大堆根本不是他可以解決的問題和質疑。

從頭學習客家話，讓他有點難過，並不是因爲失掉了舊時的得意，而是因爲寂寞。他不懂得別人，別人也不了解他。第一次，他覺得自己被丟棄在無人的小島，找不到對外的通道，只能在玩伴們的神情裡，琢磨到歧視和排斥的意味，這些感覺，讓他變得脆弱又敏感，很多話慢慢學會藏在肚子裡，靠著倔強好勝的心情，加上孩子天生的學習能力，他的客家話很快就應付裕如，但也因爲日久疏遠，以及賭氣和任性，慢慢和福佬話疏遠了。

和自己玩，成爲鍾肇政寂寞童年裡鮮明的記憶。七、八歲時，鍾肇政「抽糖」抽到一個小口琴，這是他「和自己玩」的過程中重要的玩具。他把玩著小口琴，隨口吹奏歌曲，印象中，只要聽過的曲子就會記譜，有很好的音感，在他那小小的「心靈城堡」裡，眞覺得自己像個不被了解的音樂天才。

家族活動變得很熱絡。每個禮拜天，住在老家的祖母、叔叔都到街路上來做禮拜，不過家裡的父母親多半只能有一個人去做禮拜，因爲要有一個人顧店，等到做完禮拜，祖母、叔叔一大群人都會到家裡來吃飯，屋子裡總是熱熱鬧鬧地吆喝著。

記得在教堂做禮拜唱聖詩，聽到叔父唱不同的音調（後來才知道那是第二部），和大家所唱的音調融合在一起，聽起來和諧動聽極了，這種相應相和的旋律，很快打動了這個寂寞而又驕傲的小小孩。

在學校上音樂課唱歌時，他模仿著叔父唱第二部，覺得音韻和諧優美，傻傻地沉醉其中，但是被音樂老師認爲是叛逆、不合群。一向書讀得很好，從未挨罵的鍾肇政，因爲這件事情被罵得很兇，難堪之餘，心裡充滿了傷心和屈辱，從此不再熱衷音樂。

音樂嘗試上受挫後，這個被疼著、寵著，並且因爲遷徙造成的族群記憶斷層而無言寂寞著的小小孩子，躲進「文字」世界裡，成爲一個標準的小說迷。

騷動

小學四、五年級開始，他就看很多種刊物，例如《少年俱樂部》、《譚海》、《少女俱樂部》、《新青年》等，也有好多刊物名稱他都忘記了，這些刊物都是日本人辦的，到了中學，閱讀的範圍比較寬廣，偶爾也看一些翻譯的作品。

十歲左右，鍾肇政已經會塡寫四聯的劃撥單到日本訂閱雜誌。《少年俱樂部》和《譚海》是他必看的兩本，都是月刊，給不大不小的少年看的，內容以小說、故事爲主，也有漫畫，看了好幾年，其中很多故事、小說，至今仍記憶深刻。記得有一篇連載小說，寫一個日本密探到中國，穿中國人的長袍，以便收集情報。有一次，他坐在火車上，手上的東西不小心掉了下來，他立刻併攏雙腿，不讓東西掉到地上。這是日本人的習慣，因爲日本人習慣穿長褲，若不併攏，東西會掉下地，中國人則穿長袍，東西只會掉到長袍上，不會掉地上，所以腿不必併攏，結果身份就被識破了！

這樣的描寫帶給他一種奇異的感受，從日常生活的小小習慣，表達出生活上、文化上的差異。

他很喜歡看推理小說（當時沒有「推理小說」這個詞，日語叫做「探偵小說」），祖師級的推理大家叫江戶川亂步，讓他印象深刻，有日本人寫的作品，也有改寫西洋作家的作品。後來，這些兒童雜誌再也不能讓他滿足，於是又找出專門刊登偵探小說的《新青年》月刊來看，開始接觸到福爾摩斯、柯南道爾等西洋偵探故事。

中排左三是鍾肇政；其右是曾經喜歡過的黃同學

在文字的世界裡，翻新了一個又一個世界，讓鍾肇政混亂的思緒慢慢沉靜下來。三年級的時候，碰到一位疼愛他的蕭老師，是父親以前教過的學生，有一次休息時間大家在玩，忽然蕭老師大聲宣佈：「昨天鍾肇政送給我一顆糖果，要我替他守祕密，他說長大了要娶黃○○做他的新娘。」

同學爆發出一片叫嚷笑鬧聲，他心口一跳，氣呼呼衝上講台，擂起兩隻小拳頭要搥打老師，老師也笑開了嘴，

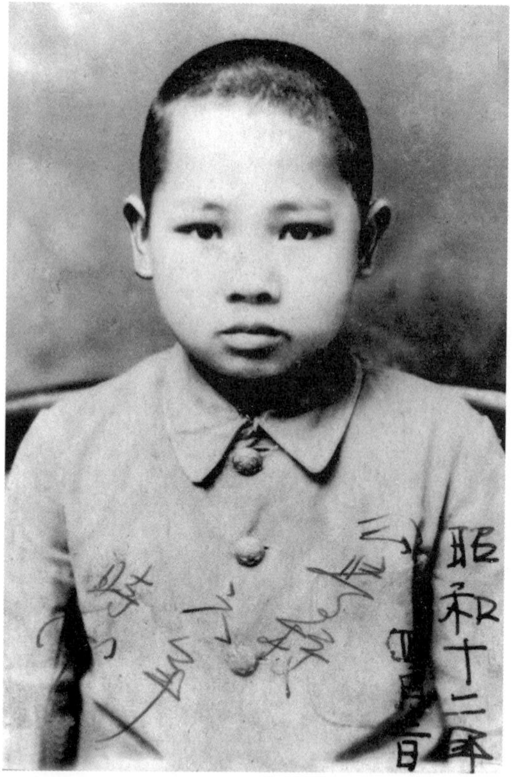

公學校畢業時的鍾肇政

拔腿就跑……。老師的一句玩笑話，他好像被什麼咒語詛咒了，忽然中了邪、著魔了似地，總是念念不忘那個女生。

那是鍾肇政的初戀。他不敢和她一起玩，連接近她都有一點畏縮；另一方面，又渴望能接近她、看到她，這樣的心情持續了好幾年，直到小學畢業，都帶著這樣緊繃又倉皇起落的感情。在校期間，他功課一直比她好，可是畢業後黃同學考上第三高女，而他卻沒考取。

他的愛情，自此成爲一種痛而鮮色的傷口。在這之前，雖然有一點點的難過，一點點沒人懂得的寂寞，可是，他仍然是驕矜縱恣的，喜歡讀書，而且眞的有那麼多書可以讓他沉迷，還能輕鬆維持著不錯的功課。當時在專供臺灣人就讀的公學校裡，只有日語口語文教學，沒有文言文教材，臺灣子弟，不補習根本就沒辦法參加以文言文爲主的中學考試，畢業班約有一百個學生，其中家境比較好的七、八個被集中在晚間補習，稱爲「受驗生」（即考試生），而日本籍的校長正好有個孩子要升學，白天在小學校念書，晚上就跟著這些公學校的考試生補習，成績總在倒數第一、第二間。

他從不擔心自己的功課殿後，越是沉迷在小說裡。考試前一天，他住進應考小鎮的旅館裡，瞞著領隊老師的耳目，偷偷溜到書店去買書、看小說，就這樣搞砸了兩次公立學校的考試。

放榜後最讓他難過的是，發現公學校所有的男同學都落榜了，唯一考上公立學校的是日本籍校長的孩子。他跌在負面的情緒裡，久久不能平復，想像不到那個老是殿後的日本同學，憑什麼佔上唯一的名額？

他不得不進入私立淡江中學就讀、住校，除了自卑，又夾纏著矛盾的感情。因爲三年級很喜歡的那個黃同學，住在台北親戚家裡，假期結束返校時，他們常常會坐同一班車，他心裡的那種自卑感一直在作祟，甚至不敢當面面對她，更不用說跟她講點什麼話或是寫個信給她。

那位疼愛他的蕭老師還有個妹妹，低鍾肇政一屆，第二年也考取了第三高女。假期結束返校時，有時他也會跟她坐同一班車。她寫信給鍾肇政。因爲鍾肇政住校，學校在這方面管得很嚴，中學生跟女性有什麼往返、通信都被禁止，特別是住校生，一舉一動很容易就被教官、舍監所掌握，他不記得是不是回過信給她，感情的萌芽只能不了了之。

可是，這兩個女性的形象，一直活在鍾肇政心裡。他的「愛情意識」萌芽得很早，因爲被老師「出賣」，因爲聯考，因爲自尊，因爲住校……，因爲鍾肇政對自己的期待和幻想比一般的孩子更早熟更複雜，越覺得現世人間，不如意接踵相續，一點一滴，把他關進一種無言的騷動裡，高溫高熱，可是沒人知道。

擺盪

生活忽然起了一百八十度的變化。離開父母親，到好遠好遠的地方。從家鄉龍潭搭一程「乘合巴士」（公共汽車），約三十分鐘可到中壢，再搭「汽車」（指火車，日語以火車靠蒸汽推動，故名），一個多小時抵台北，然後走過天橋到淡水線月台，換乘「加索林卡」（gasoline railcar之日語外來語），四十幾分鐘即抵達目的地淡水。

學校在山上（以後才知道那裡叫「砲台埔」），腳程約三十分鐘，車班順利，也要足足三個小時，眞覺得像「遠在天邊」那麼遙遠。

每一天，從校長的厲聲訓斥中開始：「我要用日本精神來鍾鍊你們，把你們的本島人劣根性糾正過來，讓你們脫胎換骨，成爲大日本帝國皇國民……。」「皇軍爲什麼天下無敵？一句話：絕對服從！凡是上官所下的命令，必定遵行不誤，火裡水裡都勇往直前，這就是皇軍……。」

這一類「訓詞」，校長有機會一定反覆加強。

什麼是「絕對服從」呢？鍾肇政馬上就弄明白，這不是什麼抽象的觀念，而是實實在在的行動準則，「上官」的命令，必須絕對服從，教師都是「上官」，連上級生也等於是，凡屬命令，皆不可違拗，必須無條件服從，這是日本皇民教育的基本精神。爲了讓大家更像個「皇國民」，學生都由校方另取名字在校內使用。以鍾肇政爲例，「鍾」這個姓氏保留下來，名字則改爲「肇五郎」，二年級是四郎，三年級以上依次爲三郎、次郎、太郎。校方命令學生在校內

劍道隊合影

一定要以這種名字互相稱呼，對外通信也應該用此名，然而，同學們私下沒人遵守這個規定。

課程設計也充滿了皇民教育的影子。中學新增的功課有「武道」課，學劍道；「教練」課，學軍事教育；「音樂課」和以前完全不一樣，不用樂器，也沒有五線譜，跟著老師學唱「謠曲」，那是日本人在舞台上演唱的傳統戲曲「能劇」，他們哼到五年畢業，只看過一場正式公演，演者只有兩人，帶著特製面具，配以簡單動作，味同嚼蠟，對當時的孩子來說，唯一的收穫是，集體把公學校所學的一丁點西洋音樂的樂理全都忘光了。

這些課程，很難吸引鍾肇政。上課時，他想家想得厲害。回到家，發現從前的玩伴都星散了；想找些閒書來看，鄉下也沒有書店；遵照博物老師的吩咐，採集了一些植物及昆蟲標本，此外就無事可做。帶著炫耀的心情穿上打劍道的日式衣褲，卻鼓不起勇氣走到外面；赤裸著上身綁上日式的大紅色丁字褲，卻沒有地方游泳，那初學的技術，附近池塘都沒敢嘗試，更遑論街尾那口聞名的大池了。到頭來，所有的行頭只能向妹妹們炫耀，再把它們收進柳條行李的底層，覺得很不能相信，回家前想家想成那個樣子，一旦回來，卻又索然無味，很快又開始數著返校的日子。

戰爭開打後，爸爸辛苦經營的小商店，賣的東西慢慢變少，日本政府還要實施配給制，商店交易很難維持，家裡的經濟越來越窘促。

第二個妹妹從小害百日咳，應該入學的時候因身體太弱而沒有讓她入學，第二年官方忽然規定哪一段期間誕生的孩子才可以入學，妹妹出生日期超過了一點點，有失學的可能，父親想了個辦法，把妹妹帶到大溪山裡面的八結（現在叫做百吉）姑媽那裡入學，準備讓她在八結念一學期再轉學回來。妹妹在八結哭得很厲害，父親常常要在那裡陪她，因爲戰爭的關係，許多日本教員打仗去了，學校缺乏教員，那邊的校長就勸父親乾脆在那裡教書，教書一直是父親最嫻熟的工作，很快，他就接任八結分教場主管，全家人也跟著父親從故鄉搬過來。

這一來，鍾肇政回家的路就更長更遠了。他還沒有擺脫少年的懵懂，距多采多姿的青年期，又似乎還有一段日子，越是覺得不知如何才好，變得很憂鬱。

好不容易和室友郭東旭「氣味相投」，兩個人不但同年，身材差不多，同樣也是小說迷，他們合夥買了一份少年雜誌《譚海》。這時看閒書的時間不多，他們也缺乏在這種等同於餓狼環伺下的環境裡熱衷看閒書的膽量，連晚自習的時間都不敢看，遑論上課時間，因此有了一份雜誌，整個人都覺得富有起來。

這種幸福的感覺沒過多久，郭東旭就得了怪病，起初是「蓄膿症」，一連開了幾次刀，結果上顎挖開一個洞，穿透到鼻腔，接著又得了什麼「纖維腫」，腮邊給割開，留下好長一道疤，整個面相都變了，終究沒能夠念完五年課程，退學離開了學校，鍾肇政第一個親密好友就這樣倉促分手。

像任何一次寂寞來敲門的時候，鍾肇政又躲進從來沒有拒絕過他的文字世界裡。學寮裡總有些舊雜誌，傳來傳去，也不曉得雜誌從哪兒來的，他每次看到，必設法弄到手，專刊偵探小說的《新青年》，綜合性的《國王》，從前嗜讀的《譚海》改頭換面，不再是少年刊物，偶爾也可以看到蹤跡，他因爲這些書，終於感覺到一些可以確定的安全和快樂。

中學高年級時期的鍾肇政

校內不久落成了「馬偕博士紀念圖書館」，正門前有一座馬偕博士半身銅像，實則藏書三、四個書櫃而已，而且櫥門四時都鎖著，從未設過圖書管理員辦理借書事務。然而，那寥寥無幾的藏書卻這樣濃烈地吸引著鍾肇政。終於，他溜了進去，匆匆物色了兩本「借」出來，準備看完再偷偷送回去。

哪曉得，校方因為圖書館的書不見了好多，忽然突擊檢查，他放在書桌那兩本書給查獲了，被命寫「始末書」（即悔過書），算是最起碼的處分，結果再也不敢去碰那些書，讀書癖遭到了嚴重的挫折。

他開始深切自省，找這一類閒書來看，對功課一點益處都沒有，已經三年級了，心中也開始抱持著一個期望，那就是考醫學，從小就聽大人提起，醫生這個職業最了不起，連開水都可以賣錢，世界上哪兒還有更好的生意呢？

想當一個醫生，難關就在醫專或高等學校的考試，尤其一些卓越的高等學校，簡直難中之難，台灣的一所叫做「灣高」，是所有上級學校中最難考的學校。面對徬徨的未來，他開始注意到學寮裡有兩個次郎是標準的「讀書蟲」，分秒必爭地在啃書，由於他們和鍾肇政僅隔一道紙門，很容易看到他們用功的情形，尤其那位身材瘦高的次郎，姓李名登輝，在班上還是級長呢！

念完了三年級，鍾肇政回到學校成為一名次郎時，聽到一個天大的消息，我們這所淡中竟然也有人考取「灣高」，而且還是念完四年級就考上去的，他就是鄰室的學長李登輝，過了幾天，班上還接到一封他寫來的信，貼在揭示板上，殷勤勉勵學弟下工夫苦讀，突破難關，考上理想學校……。

徬徨少年時

雖然深受刺激，心想著確實應該痛下決心苦讀，可是，鍾肇政卻無法做到，還是懵懵懂懂地過日子。

這一年，一九四一，時局變動得好快。「皇民奉公會」宣告成立，幾年來的皇民化運動到了最高潮，「改姓名」運動急如星火，內閣頻頻更迭，根本讓人無法想像到底是怎麼一回事。突如其來地，報紙開始爆出，珍珠灣攻擊，「宣戰大詔」也頒發了，向ＡＢＣＤ（米、英、中、荷）包圍圈宣戰。

短短的時間裡多了幾位戰神，攻擊珍珠灣時駕駛一人潛艇向敵艦發動攻擊的勇士，以壯烈的姿形，留在街談巷議裡，讓他們那麼敬佩，又那麼害怕。一轉眼間，「皇軍」在菲律賓登陸，香港攻下來了，馬尼拉陷落，日軍

三年級時的鍾肇政

中學時上教練課

襲捲了幾乎整個南洋，學生看到的，是報紙上一片勝利的奔騰、遊行時的一片旗海；聽到的，是震耳的萬歲聲、軍歌聲，再加上校長皇軍無敵、皇民化、勇敢報國的鼓吹……，誰都被麻醉了。

如果有牢騷，就是對食糧、衣物的匱乏，與遊行、操練之苦，以及教官整人帶來的疲累。校方似乎不把功課放在心上，好像這些本島人子弟一旦走出校門，自然而然成爲皇民化的急先鋒，站在社會上的第一線，爲引導矇昧的本島人大眾而努力即可。這樣混亂地過了一年。還清楚記得以前，三郎可以當室長，次郎是大寮長，太郎更高高在上，可望而不可及，鍾肇政忽然發現，自己成了太郎，卻什麼也撈不到，只能當個小小的室長。明知道到最後一年了，依然下不起決心苦讀。

十八歲了，他心裡一直遲疑著，覺得自己總是這麼窩囊、這麼無用。在最惶惶然的時候，傳出青天霹靂，台灣陸軍志願兵制度要實施了！一直覺得，戰死前喊「天皇陛下萬歲」或「大日本帝國萬歲」才倒下去，那是人家日本人的事，忽然，戰爭和死亡都近在身邊。

他們原來並不在乎「教練檢定合格證」，但志願兵制度既然實施了，一旦志願並錄取，一定要去考幹部候補生，否則一名小兵恐怕會被折磨得半死。那時，這一紙證明是唯一的資格，非有不可。畢業前，學校「爲了大家方便」，發下了志願表格，免去個別辦理志願的麻煩，然而交出去的學生寥寥無幾，大家都有個堂皇的理由，還要升學，學校不得已只有規定，不志願的，教練合格書用不上，所以不發，想到當兵是遲早的事，大家只好乖乖交了志願書。

最後一年在學校的日子，好像都是灰暗的。學寮就在教室後面，上課時的十分鐘休息時間也可以回來小憩，鍾肇政的房間剛好在側門口，不少同學都在這裡「休息」，高談闊論。

其實，他們最大的目的是吸菸。吸菸和上電影院、館子、喫茶店，同爲中學生最大的禁忌，給察覺了，輕者寫「始末書」，重者可能「退學」。鍾肇政雖然還沒有學會吸菸，可是看見大夥邊吞雲吐霧邊談笑風生，有時不免也攜著煙裝模作樣一番。不知哪個同學帶來的，房間裡有一隻空奶粉罐子，成了大家的煙灰缸，後來，舍監查到吸菸，這隻空罐子成了鐵證，鍾肇政只好把一切承擔下來，結果遭了僅次於退學的「無期停學」嚴厲處分。

被命停止上課，鍾肇政悄然回到家裡，雖然父母親沒有多加責備，可是，那一份內疚簡直刻骨銘心。一個禮拜之後接到電報，被准許恢復上課，他掩護了班上早已吸菸吸上癮的老菸槍，贏得了大家的欽佩和讚揚，可是，內心的陰暗和悲苦，越是沒有人可以說、沒有人可以了解，更嚴重的是，既經嚴厲處分，學期的操行成績照例只能得到一個「丙」，名次也排在末席，這樣的成績，幾乎堵死了他的升學之路。

怎麼辦呢？他常常在內心裡反覆憂慮著。

也許同學們那些高談闊論也啓發了他，他逐漸有了反抗意識，對深深烙印在內心的創痕，也有了新的體會。因爲日本舍監管理嚴格，每天點名三次，有一次，晚自習後點名，負責點名的高橋舍監照例做了一番訓話後宣佈解散，排在比較遠處的一群同學突地發出了似歡呼、似怪叫的聲音，老師氣得暴跳如雷，對準歡呼方向，要求大夥留下審訊，一直沒有人站出來承認領頭，老師往出聲音的方向一看，隨口就叫了鍾肇政出列，要他承認。

他在不確定自己是不是曾經跟著起鬨的無辜狀態下，先被打得半死，老師還從教職員辦公室丟出一把小刀給他，要和他決鬥，並且堅持：「這是本島人和內地人打架。」

也許老師瘋了。他一方面不能理解老師爲什麼要這樣做？一方面又懷疑是不是以拿刀做藉口，很快他就會被殺掉？忽然間，危險，冤曲，屈辱，夾纏著包裹著他，他不敢接下刀子，卻又不能卑順委屈，只是反覆地想、不停地想：「爲什麼會這樣，我到底做錯什麼？本島人和內地人爲什麼有所差異？到底差異在那裡？」

隨著歲月成長，這個大稻埕上頑皮胡鬧的小小孩，越來越安靜，心裡藏著越來越多衝突和矛盾，越來越常陷入「想心事」的哀傷裡。那個可怕的場景，常常浮現。他一直不能確定，那時候那個樣子隱忍，到底是對是錯？也許，他應該攻擊、反抗，即使冒著被殺死的危險。

究竟，是不是這樣呢？

第二章　不會消失的足跡

是不是我們這一輩子，
總是習慣跟著一次又一次的壓抑挫折，
把自己一點一滴關起來，
然後用一生做功課，
直到我們找到方法，一點一滴釋放，
才能讓那個關在我們身體裡無聲無能無助的、始終不肯長大的小孩，
自由長大。

如果必須火焚

還記得那個奔跑追逐在「大舞台」、「永樂座」、「第一劇場」玩樂、看戲、吃東西的小小孩嗎？淡水中學畢業後，鍾肇政報考上級學校，同樣未獲錄取，他是這麼沈醉於讀書，卻又不善於考試；這麼習慣於安定，卻又不得不隨著戰亂的年代打轉。

鍾肇政和美麗的母親

生命的撞擊，每每讓他失望，只能沉默地回到故鄉，接任大溪宮前國民學校助教，說不上快樂或不快樂，好像也沒有別的更好選擇。他在校長室裡的書櫥上，偶然發現日本古代詩集《新古今集》的箋註後，很快就入迷，也許在當時那樣貧薄的環境裡那麼有限的書中，其實也無法找到更適合自己的東西，差不多那就是唯一的選擇，從此，讀書興趣轉向幽微感傷的日本和歌，充滿了超齡的悲苦和滄桑。

夾纏在這混亂世界裡渾沌蒙昧的危機和恐懼裡，物資的縮減窘促；本島人和內地人的歧異；大陸人和台灣人相似而又迥異的關係；戰事的變動……，這些破碎失序的人間碎片，好像都不是他能夠掌握處理的，只能冷漠相待。

在大溪當代用教師那一年，唯一能夠貼身動搖他、撞擊他的，是活色生香、讓他又緊張又幸福的兩個女性角色，毫無準備、毫不設防地，走進入他的內心。

第一個是隔壁班的日籍女老師，日本女學校畢業之後馬上到台灣來，還保持著一份「不知愁」的天眞。他們同時到那個學校去服務，同樣是剛剛開始工作的菜鳥，經常互相討論，他先學會彈風琴、教唱歌，她根本不會彈風琴，就決定交換教學，她有一門功課給他教、他也有一門功課給她教，因爲接觸頻繁，很快發展出比別人更嫻熟的默契。

那時鍾肇政虛歲十九，她才十七。雖然大她兩歲，他總爲著她的嫻雅細緻，生出一種「她比他更成熟」的錯覺，覺得她好美好美。從「忽然遷到客家庄」、「考試失利」、「五年強勢威權的軍事管教」這一路壓抑下來，鍾肇政從來沒有機會學習表達與溝通，只是一年比一年沉默，什麼都放在心裡，表面不說，心裡卻洶湧著相接相續的暗流。

浪濤翻捲的崖岸上，不斷蠱惑著他的，還有一位叫做清子的年輕少婦，結了婚，沒有小孩，一個人住一間宿舍，丈夫被征去打仗。他們經常接觸，自然就會親近，讓他不得不隨時惦記著這個處處依賴他的女同事，那種不能跨越而又時時牽掛的情愫，後來被鍾肇政把她的姓改掉，改寫成《濁流》裡的谷清子，書裡所寫的，幾乎複製了當時的情境。

一個天眞美好的日籍閨秀，一個溫柔依賴的無助少婦，她們在這個十九歲少男心裡，溫熱地、無措地日夕在蠱惑著他，在他心裡捏塑著對於精神愛戀的無瑕嚮往。

另一方面，小他三歲的大妹妹，開始在桃園念女學校，本來借住在舅父那邊，因爲哥哥分配到大溪鎮上一間宿舍，很快遷來大溪同住，分成六席榻榻米的兩個房間，中間有紙門。鍾肇政跟妹妹一人住一間。妹妹總有一大堆女同學每個晚上過來聊天、玩樂，有好幾個會在那邊住，那些天眞的女學生喜歡跑到鍾肇政這邊來玩，有時候還會從後面嘻嘻哈哈將他抱住，毫無芥蒂地膩在一起、玩在一起，讓他不能控制地身體發熱、血脈沸騰。

跟中學時代無止盡的「內在囚禁」不一樣的是，十九歲的鍾肇政，開始對愛、對親密、對女性角色充滿了強烈的迷惑與憧憬，隨時充滿了「破城突圍」的張力。隔一個紙門，就有三、四個女學生，都是十五、六歲的妙齡少女，那些飽溢於肌膚表層的甜潤馨芬，讓他不能自主地想入非非，然而又不敢越軌，像烈火焚身，必須一次又一次接受試煉，在純淨的精神愛和飽漲的肉身慾望間拉鋸。

他想起四歲時，和他感情最親密的小姊姊替他洗澡。他躺在床上，任著姊姊在他身上撒滿痱子粉，然後溫柔地在他全身上下輕輕把痱子粉抹勻，忽然，他有一種勃起的奇異感受，一種神祕的「性」的覺醒，第一次，他在簡單的生活裡和性的變化對峙。

現在，他又忍不住去試探熟睡中妹妹的同學「胸前的禁地」。他震撼極了，那樣純眞絕美的少女，怎麼會有這麼波瀾壯闊的胸巒起伏？

怎麼可能呢？這種震顫和激情，一直奔竄在他的身軀裡，反覆漱漩，直到在創作《插天山之歌》時，勇敢的奔妹領著志驤逃進深山躲避日本人的追捕，渾身汗淋淋，手腳都刮傷了，終於可以停下喘一口氣整理儀容時，志驤無意間看到她脫下束縛胸部的白布，「原來胸部平坦的，怎麼突然鼓了起來呢？兩只隱約卻又十分明顯的乳峰，隔著幾層衣服，竟在一夜之間出現，這又是一個深山的奇蹟嗎？」

跳動在這些文字裡的，是鍾肇政始終沒有褪色的「青春的煎熬」，高溫高熱，一如一場成人禮的儀式，讓他不得不承受。這些沒有出口的、青春的煎熬，總算，讓他在晦暗的生活裡，稍稍觸摸到一點點「活著」的具體和鮮色。

在「鼻青臉腫」中向學

那樣的年代，每一個人都過著「朝不保夕」的日子，天天空襲，隨時隨地可能捱一個炸彈，就算幸運的不至於捱到炸彈，還是要面對徵兵，被迫把生命扔到戰場上。最早的時候，日軍到處招募「志願兵」，在他心裡投射出炮灰的陰影。名義上是志願，可是，要是不志願的話，學校就不核發「教練及格證明書」。

那時，鍾肇政雖然表示志願，但每次體格檢查的時候，都得想辦法讓自己通不過。有一次體檢，正好醫生是父親的朋友，故意誤診爲疝氣；有一次他臨機一動，因爲常常檢查學生的視力，輕易就背熟了「色盲檢查表」，冒充色盲。憑著機智，他逃過一劫又一劫，然而因爲作假，他也怕得不得了，「只要被查獲就得槍斃」的心理壓力，日夕在折磨他。

再多的青春魅惑、再深沉的纏綿愛戀，全都不能讓他安定下來。

日據時代，日本人教師在各公學組織「青年團」，七七事變以後，因爲戰爭需要，才被加強，提供未升中等學校的失學青年一些訓練，最重要的是軍事訓練，以備將來補充兵員短缺之需。接著，才又設立「青年學校」，利用晚間，尤其農閒期間上課，傳授農業知識，當然「國語」與「國史」等也是不可少的功課。這些青年團乃至青年學校都是以「公學校」（一九四一改制稱爲「國民學校」，從此校名不再有小學校與公學校之別）爲單位成立，指導的教師也由公學校教師兼任。

由於昭和十七、十八年相繼實施陸、海軍志願兵制度，接著又決定自二十年起推動全面徵兵的徵兵制度，於是青年團與青年學校也隨之全面加強並普遍化，教官的培養也成了燃眉之急，青年師範便順理成章地在日本全國各地方宣告同時成立，據說日本全國總共成立八所，一九四四年四月，「台灣總督府彰化青年師範學校」創校，全台灣只此一所青年師範。

依照當時的學制，師範是專科學校，須中學畢業（五年制，昭和十六年學制改革後改爲四年制）始可報考，而且可以「緩召」，因此入學考試競爭相當激烈，從日本內地有爲數不少的考生渡海來台應試，佔去了大部份的名額，「本島人」的機會並不多，不過都是別校的落第生。

鍾肇政，這個經常在考場上慘遭滑鐵盧的「常敗軍」，因爲體檢作弊形成的內心恐懼，瘋狂想要擺脫「志願兵」的壓力和束縛，這一次，居然順利考上，成爲第一屆青年師範學生，在創校時入學就讀。

由於太平洋戰爭已進入最酷烈的階段，物質極度缺乏，雖然有了學校，校舍卻無法興建，只有從早幾年成立的彰化商業學校騰出幾間教室供學生上課，連剛剛蓋好的學寮(學生宿舍)也全部由他們住用。全校兩百多個學生分成十四班，分住這學寮的十四個大房間，他們就這樣展開爲期一年、充滿糧食缺乏帶來的饑餓與前途茫茫交錯而備嘗艱辛與屈辱的學窗生活。

從上課到學寮生活，海軍式的軍事管理已經讓大家苦不堪言，更難堪的是內地人同學仗著人數多等種種優勢，對本島人同學所施加的欺凌迫虐，幾乎每天一早起來，都會發現到幾個本島人同學以鼻青臉腫的狼狽相出現在大夥面前，連班上一個姓野木的內地人同學，都因與本島人同學友善，竟也成了「鼻青臉腫族」。

爲著將來要當教官，他們在軍事學的比重特別大，一般學科差不多成了點綴，功課很輕鬆，課餘回到學寮，各有各的消遣方式，大夥多半三三兩兩聚堆聊天，間或有一兩位苦讀代數幾何、苦背英文單字，計畫重考的「苦讀派」同學，立刻遭到其他同學的揶揄，甚至也有別班的內地人同學當面數落他們說考取了又有屁用，緩召就要取消了，考上去還不是一樣得入伍？原來，即令是滿口忠君愛國、願爲陛下而死的那些「大日本帝國臣民」，竟也在無意間暴露了來就讀這所爛學校是爲了逃避當兵。

夜暗裡，有光

在這種無心向學的虛無氣氛裡，鍾肇政應該也算是「苦讀派」。他讀的可不是代數幾何或英文，這個小說迷，仍然不務正業地沉迷於從大溪教書時深深喜歡上的日本式短詩〈和歌〉，當他有機會下山到彰化街路上逛書店時，第一本買的就是《概觀短歌史》。

日本和歌中有所謂的「幽玄派」，歌詠一種幽邃玄妙的人生境界與自然景象，鍾肇政特別鍾情於其中若隱若顯的厭世與虛無色彩，因為他在無可奈何的情形下志願過幾次陸軍志願兵與海軍志願兵的驚恐歷程，雖然都僥倖逃過，但在新頒布的徵兵制度下，不出一年，仍然必須成為一員「帝國軍人」被遣往戰場，尤其一年多來，日軍喊出了「玉碎」的口號，把「所有守軍戰到最後一兵一卒、絕無投降」，視為日本精神或「大和魂」的最高表現，北方的阿圖島，南方的馬京、塔拉瓦等島在這種情形下相接失陷。

就算那是阿留申與南洋的遙遠的事吧，入學不久，又有塞班島「玉碎」消息傳來，已經打到身邊不遠的地方了，更糟的是B-29從塞班起飛，可以直接空襲日本本土！在近海肆意出沒的航艦，更是那麼頻繁地把格拉曼、洛機德等輕型機送來扔炸彈、掃射……。

躲進日本和歌裡的鍾肇政，心裡飽漲著無可排遣的孤獨與悲觀，不知不覺需求著某種尚未成形的心靈依靠。他被分發在刻意安排成立的本島人學生班「第十三班」，十四名同學當中，只有兩個內地人。對於苦讀代數幾何的同窗，他不但一無揶揄之意，反而認為那是向命運挑戰的可敬勇者，最吸引他的是，有一位非常喜歡看書的沈英凱，不肯代數幾何，很少參加閒聊，常常在自己的位子上臨摩《九成宮》練書法，由於鍾肇政也喜歡書法，當他練字時，總忍不住湊過去看看，他用的是懸肘法，大氣磅礡，讓人永遠不能忽視他那過人的毅力。

從公學校起到中學，「習字」（日人習稱書法為「習字」）雖屬正課之一，但大家都不喜歡這麻煩、又不易學好的功課。不過，鍾肇政進中學不久受一位日本老師的影響，參加過一個在東京函授的書道團體，也訂閱該團體的月刊雜誌《手習》，認真按月繳作品，接受級次檢定，但從五級升到四級時就放棄了，因為他也不喜歡那麻煩的一套，拿起筆來隨便亂塗，更符合他的個性，近似信手塗鴉的日本「變態假名」的寫法，使他更感興趣，不過一直只停留在「玩玩」的階段而已。

看著沈英凱練字，他常想，練了字又怎樣呢？

不錯，練了字固然不會怎樣，浸淫在和歌裡，去讀，去體會，又怎樣呢？豈不是同樣也都是空的嗎？人生，本來就是空的。什麼也沒有。一切都是空空如也，這一向被他欽佩著的苦讀勇者，豈不也將是一切落空嗎？

想歸想，他卻那麼不由自已地，而且也莫名地被這位書道同窗強烈地吸引住，不知不覺地就漸漸接近了。並且越是接近，便也越被吸引過去。也許，他的「一表人才」，是最初的魅惑吧？

鍾肇政在跳脫掉面對女性的窘促不安，終於比較誠實地面對自己，第一次，他很清楚地看見自己，對於「皮相之美」的不能抗拒。他一直深深記得，沈英凱濃眉大眼，卻又有一股莫名的靈秀之氣；中等身材，壯得恰到好處；中學時期是游泳與足球的校隊選手，來到這所青年師範，還保有一雙「蹴球鞋」，在皮革已然絕跡的那個年代，那種半軟的皮鞋，幾乎是能使大家眼前一亮的貨色。

更重要的是，他們雖然話都不多，但一開口便能無所保留，而且每一句都能使對方接受。他們很快就形影不離。長年來纏繞著鍾肇政的孤獨感，沒有原因地銷融了，沒有他在身邊時，鍾肇政馬上會若有所失，寂寞孤苦感又回來了，彷彿渾身被一種奇異的無依感重重裹住，幾乎坐立不安，直到和他在一起，就能感覺到難言的平靜和舒泰，領受從他身上投射出來的濃濃關懷。

酷熱中不是靠風的微涼

「在沈英凱的呵護裡，我的青年師範求學生涯，漸漸進入平靜的順境，」幾十年過去，鍾肇政在回憶錄裡這樣寫。他們相知相熟、不能遏阻地相互靠近。

沈英凱最痛的心事是，和遠房阿姑之間永遠不可能成功的戀情，不但被祖母狠狠地訓了一頓，碰面時還得稱她一聲阿姑呢！走在街上，鍾肇政看著沈英凱忽然撿起一顆小石頭，向前面的電線桿扔過去，並在心中默念，如果打中，戀愛就可以成功。結果當然沒打中。

恰巧也在那一陣子，鍾肇政得到消息，在大溪任教時那位讓他苦苦思念著的日籍女同事，竟然因病棄世，她從女學校畢業即隻身來台，死時還只是一個十八歲的女孩呢！那種不甘不捨，帶給鍾肇政極大的衝擊，那些執拗地隱藏在他心中的虛無感、無常感，以一種巨大的姿形佔據他的全部。

一表人才的沈英凱

因爲如此，沈英凱的存在，不僅是心靈上的安慰，甚至也是靈魂裡一項無可比擬的需求，他那樣輕易而快速地嵌入鍾肇政心中。有一天晚餐後，沈英凱和他分享下午下課後參加由同學組成的「文學討論會」的經過。他本來認爲，討論會必然是日人同窗主導的聚會，所以提不起興趣參加，根據沈英凱的說法，果然讓他很無聊，原因倒不是由於那些蠻橫的嘴臉，而是，芥川龍之介的《河童》如何如何，還有夏目漱石的《少爺》怎樣怎樣，這有什麼好談的？鍾肇政一時不知如何應答，兀自在內心裡思索著，那我現在摸索的西行、定家等古代詩人又算什麼呢？

就在這個時候，他們和鄰房第十四班的富永（原名潘啓揚）開始熟絡起來。「鍾，你看看這本書吧！」沈英凱交給鍾肇政一本厚厚的書，說是富永利用假日回家帶來的，盧騷的《懺悔錄》。學校在彰化，家在龍潭的鍾肇政與住新營的沈英凱，周末假期都無法回家，而富永家在后里，每周周六返家，周日返校，十分方便，他每次回到學校，總會帶兩三本書來。那些書清一色都是新潮社印行的《世界文學全集》，當然也是譯成日文的，每一冊都厚墩墩的，大約五百頁左右。

每次，富永把書交到他們手上時，臉上總會閃過一抹奇異的微笑，似乎是得意的，也隱含著驕傲，像在無聲地炫示，只有他才能弄到那種東西，並且又可以把它們交給最需要它們的兩個書呆子。

第一次接觸盧騷的《懺悔錄》，鍾肇政常常看得流淚。其實那並不是怎樣動人的書，不過，忽然有一種思想，一種以前所沒有想到過、看到過的世界，在他眼前突然展現，讓他分外感動，不是因爲故事流淚，而是接觸到新思想的一種感激。

他努力地讀，讀得好辛苦，總覺得這是多麼艱澀深奧的作品！難道，這樣才算世界名著嗎？他充滿了惶惑，這並不是他初次接觸西洋作品的譯本，還在少年時期就熟讀柯南道爾和盧布蘭等作家，大東亞戰爭爆發後，爲了使大家更熟悉中國，賽珍珠甫獲諾貝爾獎不久的《大地》譯本也風靡一時，然而，這一切的經驗都無助於解讀盧騷，在苦苦追逐每個詞彙每句文章之際，他總是不忘提醒自己，沈和富永都能讀下去了，而且讀得那麼津津有味，他們讓鍾肇政羨慕、嫉妒，逼得他不得不苦苦地鞭策自己，既然落後了人家一大截，非忍耐著看下去不可。

他面臨一堵高聳且堅實的牆。先不說內容、思想，首先譯文本身，就是個嚴厲的考驗，他必須逐字逐句地去探索、思考，同樣是西洋的，但盧騷與前此還算熟悉的柯南道爾、賽珍珠等人截然不同，他面對著一個嶄新的世界，從「西行」到「盧騷」，從「日本」到「西洋」，從「十三世紀」到「十八世紀」，那是怎樣的一種飛躍呀！

然而，鍾肇政不敢、也不能顯露自己的無知與低下，他非躍過這堵看起來那麼高不可攀的牆不可。這樣的苦心並沒有白費，很快地，他在閱讀這些名著作品時已經不再那麼痛苦，並且不止一次設想過，應該再重讀一次《懺悔錄》，可是富永當然不會把看過的書再借來一次，而他也沒敢揭露這種打算，怕會暴露自己的差勁，每一天，他苦苦地讀，夜裡，沈邀他去「守夜室」讀，他自然也欣然同意。

所謂「守夜室」，不過就是連在一起的兩棟學寮中間的穿廊，九點鐘熄燈號響後，仍然點著電燈的唯一地點。他們被規定依軍營方式，全體同學輪流，每次兩人到那裡守兩個小時，直到天明。他們總是在熄燈後相偕到那裡，利用罩上燈罩，只剩投在狹長桌面上、大約二十來公分大小的光圈來看書，直到眼澀爲止。

這一段學生生活，確實在身心兩方面都承受沉重的壓迫，然而，能夠一起沒入書本，好友就坐在對面伸手可及的地方，彼此的書那麼侷促地擠在一個小小的暗淡光圈裡，而沈英凱常常讓出較多的空間給鍾肇政，那種撲面而來的情誼，不僅僅是對心靈的莫大撫慰，還形成一種求生的意志，彷彿折磨痛楚都暫時遠去了，讓他不再那麼沉溺於無常與悲哀。

好像，曾經重挫他的那種無常感，忽然變得「正常」了。反正人生都是無常的，何不在絕境裡尋求某種突破、覓取人生的積極意義呢？他開始用一種虔誠的態度看書，常常想起中學時學長李登輝苦讀的樣子，因爲讀書機會得來不易，他才眞正地下了工夫，涉獵了許多思想性的作品，做了厚厚幾本札記，不但扎下眞正的文學基礎，而且建立了異常優異的日文程度，就算和日本人相比，鍾肇政的日文也稱得上一流。

當然，他也領悟到，一定要在苦苦挑戰的情境中，找到意義，他開始深深相信，生活的基本態度，要努力去尋覓「酷熱中不是靠風的微涼」。這樣的句子，大概也是在哪一本書裡看來的吧？暑熱中是不可能存在微涼的，但去尋覓，居然可得；或許，原本早就存在那裡，沒有深刻尋覓過的人卻無從相遇。

這「微涼」，就成了鍾肇政此後的生命信念，所有的煎熬都能夠多出幾分賞玩興味。

不會消失的足跡

在學校上課時，因爲學校在山上，附近原本都是官方下令廢棄的古老墓場，闢成蕃薯園，到處堆放著遷出被棄置的散亂白骨，留下了很多墓穴，學校規定每一個學生自己挖個防空壕，空襲的時候就各自躲進自掘的防空壕，很多同學不敢躲進這種地方，他因爲有沈英凱這樣親密的朋友，什麼也不怕，在廢墓坑裡挖了個可供落坐的土階，警報一發，就是三、四個鐘頭，不會馬上就解除，所以看書的時間相當充裕，他舒舒服服地躲進墓坑，坐下來沒入書本之中。

有時眼看著山腳下的彰化市街，忍不住高歌一曲，像舒伯特的「菩提樹」、葛利格的「蘇爾貝琪之歌」等從《世界名曲一〇一首》裡學來的歌，那種蘊涵在優美動人旋律中的蒼涼、悒鬱，常常使他情不自禁地落下淚；有時看書累了，就靠著傾斜的墓碑酣睡片刻，也許受了艾克曼《歌德對話錄》裡「歌德手捧席勒頭骨摸挲」照片的影響，這個未滿二十的少年，居然對身旁的成堆白骨，感到莫名的親近感；有時在美國飛機來轟炸時，站起身張望著，數一數飛機有多少架，看他們扔炸彈，看他們在空中打架，日本同學看到飛機被打下來就拍手、歡呼，哈！其實被打下來的常常都是日本飛機，日本同學照樣歡呼，他們也跟著一起歡呼了。

最累的是秋冬兩季間，會有兩次「徵用」，期間大約十天左右，不止學校是徵用對象，連一般民間也有所謂的「奉公」，官方下令，每家每戶必須有一人參加勞動服務，無償的，多半是修築機場、挖塹壕、築軍用道路之類，集體動員的地點都要保密，只是在徵用當中風聞當地地名，他們多次在半夜被叫醒，先到丘陵地區折取樹枝，然後拖到大肚溪大橋下焚燒生煙。

從天空上看下來，他們焚起的十幾處火堆所造成的煙幕，必定相當壯觀，這樣就可以保護公路與鐵路上的橋樑，那是山線與海線會合點，但是，鍾肇政卻很害怕，在空襲轉劇的情形下，萬一眞的敵機臨空，他們在寬闊的河原上，豈不是逃生無路嗎？

還好，那些日子，只是日日警報，從來不曾遇到眞的空襲。焚煙時，整天除了偶爾添添樹枝之外無所事事，他們學會帶著書和札記本，大半個日子裡都可以沉浸在文學中，有一些同窗會去附近田園裡挖些蕃薯來烤，甚至有人拔些近成熟的稻穗來烤，然後剝開那半熟的米粒來嚼，日子在無可奈何中，倒也搖出幾許「酷熱中不是靠風的微涼」。

像華美的盛夏忽然下了場沒有體溫的雪，忽然，沈英凱接到一紙「紅紙」（日語，指「召集令狀」），限令二月初即須「入營」（他們這些「徵兵適齡者」，原來在前一年十二月間即做了「徵兵檢查」，沈是「甲種合格」，他是「乙種合格」，也許因爲正式徵兵，一下子增加了那麼多本島人兵員，營裡無法容納，鍾肇政竟然漏徵了），鍾肇政極爲震撼，他們原本只有「短短一年」的求學期間，一下子變成「更

各自步往不可知的前途

短更短的九個月」。

無論友誼多麼深厚，終究只有分手，各自步往不可知的前途。

戰場？菲律賓？南洋？支那？即使留在島內，越來越劇烈的空襲，隨時可能一瞬間令人血肉橫飛。報紙上連連報導神風特攻隊出擊得勝的戰果，但是，日軍節節敗退的窘相，已經無從掩飾，到處都是謠言，每個人都聽說，菲律賓鐵定完了，下一個目標正是台灣，這就是「跳島作戰」，那時候，台灣也會變成戰場，與南洋或支那的前線無異……。

很多年很多年以後，鍾肇政彷如還能清楚看見，題寫在好友沈英凱畢業題字冊上的那些字跡，微顫著，像心裡的悸動也跟著在字面間跳著顫著：

回過頭一看，禁不住打了個寒顫

足跡不見了……

如果互相偎靠的過往只是如海邊的足跡一樣，海浪一過，就沒了。鍾肇政這麼一想，忍不住鼻頭一酸，無論如何，他還是要竭盡所能，保有所有不想忘去的記憶，像他保存舊時用的一本小型日記本，在中學畢業時用來當成畢業題字冊，沈英凱爲他留下其中這幾句話：

足跡　戀人　母親

有一天　還會回到我的懷抱吧！

在學寮的榻榻米上，他們互相題寫，彼此凝視，只能癡癡凝視，腦子裡凌亂轉著，和阿姑禁忌的愛、日籍女同事倉促凋零的青春、他們「除了彼此沒有別人」的圓滿與破碎……終於，不得不相互靠近，緊緊地抱在一起。

鍾肇政用力忍著，還是忍不住落下淚，前途茫茫，他們只能在心裡想了一百遍，是的，一定會的，我一定會回到你的懷抱，一如你也會回到我的懷抱那樣。只不過那不知是何年何月呢？

或者，此時此地一別，就是……，會不會就是永遠？

來不及想下去，局勢變動得好厲害。與沈英凱入伍同時，許多因爲怕被徵召而跑來台灣就讀的內地人，也被徵光，少了這些蠻橫欺壓的「惡霸」，暴力事件銳減，不少人便以「天下泰平」來形容。由於學生人數少了約三分之一以上，學寮緊縮，班上從十四名減到十名，其中還有被裁併的十四班同窗搬進來，富永居然也在其中，因爲交通狀況越來越糟糕，常常在返家或返校途中遇上警報，火車停駛，動彈不得，往往一停就是幾個小時，他只有停下例假日返家借書的舉動。

鍾肇政的精神糧食斷絕了，只能咀嚼、玩索過去記錄在札記上片片段段的文字，只不過沈英凱也離開了，他心裡徬徨無依，像在胸腔裡活生生挖出個凹洞，舊時那些虛無、無常的思念，塡進空盪盪的胸臆中，思緒常常馳騁到遠方不知在何處的沈英凱身上去，即使富永日夕在身邊，也很難進入彼此心靈之中，簡直記不得最後不到一個月的青年師範生涯，究竟如何挨過？

台灣眞正光復

一九四五年三月，終於在畢業後個別被分發任所，鍾肇政原被派任台中州沙山青年學校「助教諭」。還沒到四月一日到任期，「學徒動員令」下來了，靠著體檢作弊逃過志願兵的鍾肇政，終究沒辦法逃過一九四四年頒佈的徵兵役，雖然不是正式的「入營服役」，卻也成了帝國陸軍二等兵，駐紮在海線大甲，擔任海防工作。

日本軍打人打得很兇，生活越來越苦，不過，所有的臺灣同學都想，如果美軍登陸了，他們準備先把日本人幹掉，再跑進山裡頭，或者，能夠的話，跟美軍合作，所以一空下來，大家就偷偷研究逃跑的路線。

眞正煎熬鍾肇政的是，這是他這輩子唯一「根本沒有書看」的日子，只能靠著過去做的札記來餵養自己在文字裡無止盡的「餓」。一次又一次的看。軍中生活困頓到極處，他就會生出一種感覺，這些札記才是他的糧食，離開它，就沒辦法活下去，不管十分鐘二十分鐘，只要有時間他就看。

有一天，蹲廁所看札記，站起身時不知怎的，竟把懷裡幾本筆記掉下便坑。頓時，精神失了憑依，失魂落魄。也許是因爲生活的動力陡然被抽開，身體裡的韌性消失了，不久他就得了熱帶瘧疾，天天發高燒，不得不靠著「金雞霜」治療，慢慢地，耳朵產生耳鳴現象，漸漸聽不到，又沒有其他的藥，不吃金雞霜也不行，這樣持續兩三個月，聽覺已然受到嚴重損害。

五個月以後，一九四五年八月，日本宣佈無條件投降，第二次世界大戰結束。

終於能夠復員返鄉，十月，鍾肇政赴沙山青年學校任教，卻因病離開沙山，辭職返家。病後的體力耗損終於慢慢恢復，但是，受損的聽覺卻一直未見好轉，幾乎找遍了台北所有的耳科醫生，打針服藥，始終未見功效，前途一片茫茫，當人人在高興殖民統治終結、台灣「榮歸祖國懷抱」時，他卻不時都在痛苦裡煎熬，一直到現在，還必須戴著助聽器。

就讀臺大中文系時的鍾肇政

臺灣光復後，大部分的同學都趁這時候升學，有的到大陸本土去念大學，鍾肇政是獨生子，不好遠去遊學，只能留在臺灣，報考臺大中文系，他連國語都不會說，白話文報紙勉強看懂一點，至於中文系將要學些什麼，根本就不了解，考中文系是因爲中文就是祖國的文字，既是祖國的東西，那便是他所渴望追求的。

儘管滿腔理想地考上臺大，但是，因爲重聽，加上中文系的老教授鄉音特別重，上課的時候，聽不清老師在說些什麼，只上了一學期的課，不得不休學，沉靜地回到家鄉就任龍潭國民小學教師。以爲日子從此可以過得安全一點、簡單一點，他那一向嫻熟，賴以閱讀、書寫、表達的日語、日文，卻忽然都被行政長官公署禁掉了。

所有的熱血青年對「祖國」懷著滿腔的憧憬與期望，熱中地讀起方塊字，學習「祖國語文」。像童蒙時用客家話全面推翻了福佬話，鍾肇政不得不再一次面對一場自己的「內在革命」，用中國語文「革」了日文的命。

開始時他先讀《三字經》、《百家姓》、《幼學瓊林》等，這些書看起來，大略的意思還懂，因爲日文裡頭的漢字很多，那些國字意思都懂，就是不懂也能猜想幾分，還有一些書房的老先生可以請教，所以很快就把這些書看完，然後，找出中學時候念的漢文教科書，裡面收了唐宋八大家、李白杜甫、四書五經，以前用日文念，意思大略都懂，現在的困難是念不出來，拿到書房去問那些老先生，居然也沒有一個會，因爲那些老先生多半只有一套《三字經》那些而已，離開了這一套，便沒有辦法了。

鍾肇政找出康熙字典，因爲一直都用方言，音也切不出來。既然讀不出來，就自己發明一套理論「中國字不是唸偏就是唸旁」，反正《三字經》已經讀熟了，就用這一套「想當然耳」的方式替不會唸的字安一個音，自己唸，究竟唸得對不對，暫時不去管它，他就這樣背熟了漢文教科書和唐詩宋詞。

後來，國語來啦！大家都說：「哎，我們要來學國語了。」

可是，誰來教呢？村子裡有兩個大陸人，他們開補習班，補習國語，結果，兩種國語完全

光復後的鍾肇政

不一樣；也有人去過大陸，他也要開個補習班，不一樣就是不一樣，三個補習班三種國語，大夥實在徬徨得很。

有人主張不要管什麼國語了，用方言來唸漢文，也有人認爲非學國語不可。這種情形僵持了一段日子，直到有了收音機，情形才有點改觀，還有政府辦的臺北補習班，有的人去學了回來，就可以教大家。鍾肇政利用下課時間去學國語，往往，下午學了幾個ㄅㄆㄇ，第二天上午站上講台就得教學生了。

這種情形拖上好一陣子，拿到白話文的文學作品，鍾肇政一看就懂，毫不吃力，雖然不會用國語唸，用方言唸起來恐怕也亂七八糟，可是他還是開心地在心裡呼喊著，我懂，我看得懂。有一次，接到朋友的來信，一時心血來潮，試著用半生不熟的白話文寫回信，這是他長長的文字生涯裡的第一件中文作品。

這封信成了他在中文摸索裡的第一個階段，其實不過是藉此試驗一下中文能力。信寄出去後，只會用日文寫信的朋友看了，簡直羨慕極了鍾肇政能用中文寫信，直稱了不起，了不起。

他開始寫稿子，並且嘗試寫小說。先用日本話思考，寫日文草稿，然後自己翻譯成中文；過了一段時間，就可以不必用日文打草稿，只要先用日文構思造句，然後在腦子裡譯過來，就直接就用中文寫下，這是第二個階段，他自己把這過程稱爲「譯腦」；三、四年後，甚至不必用日文思量，而是正正式式的用中文思想，用中文寫，文字已不再是一種障礙。

他興奮地從內心裡最深最深的地方吶喊出來：「對我個人而言，這個時候，臺灣才算眞正光復！」

第三章　如果這樣就過了一輩子

鍾肇政

把鍾肇政二十四歲以前的人生做成講義，
簡明地開出一條軌道，一切都水到渠成，沒有計畫，
好像就足以預言他一輩子。
能夠認識一個像他這樣「極度純粹」的人，
真覺得在複雜人世裡，我們可以過得素樸一點、簡單一點，
也過得更有信心，重新去擁抱幸福的溫度。

年輕的鍾肇政

■1925-1931（一—七歲）

・一月二十日鍾肇政生於桃園縣龍潭鄉九座寮。鍾家來台第一代是貧農，第二代成爲地主，因爲不識字常吃虧，於是開始培養下一代，讓第三代讀書。

・父親一連生了五個女兒，第六個才生下鍾肇政。

・父辭教職，遷居台北市，鍾肇政很會講福佬語。

・入台北市太平公學校就讀，開始學日文，後遷居桃園市，轉桃園公學校就讀。

■1932-1934（八—十歲）

・遷回故鄉龍潭，就讀龍潭公學校二年級，從頭學習客家話，福佬語又疏遠了。

・父親開一家雜貨店，賣香煙、鹽等專賣品，還有一些日常用品。開始做禮拜。

・「抽糖」抽到小口琴，只要聽過的曲子就會記譜。去教堂做禮拜唱聖詩，聽到叔父唱不同的音調（第二部），在學校上音樂課唱歌時，模仿叔父唱第二部，挨罵。

・標準的小說迷看很多種刊物，如《少年俱樂部》、《譚海》、《少女俱樂部》、《新青年》等，自己填寫四聯的劃撥單到日本訂閱雜誌。

・三年級時，有位老師大聲宣佈說他將來長大了要娶某某同學做老婆，同學聽了大聲歡呼叫起來。那可能就是初戀。

1935-1942（十一－十八歲）

・畢業於龍潭公學校，報考新竹中學未錄取。入私立淡江中學就讀，住校。
・入學不久父親任八結分教場主管（大溪鎮八結，現在叫做百吉），全家自故鄉搬來此。
・因為日本舍監管理嚴格，每天點名三次。和導師在晚自習後衝突。
・在校內圖書館偷借一本《霧社事件討番記》，看過後藏在床鋪下被查獲，寫悔過書。

1943-1944（十九－二十歲）

・畢業於淡水中學，報考上級學校，未獲錄取。
・任大溪宮前國民學校助教。妹妹在桃園開始念女學校，來大溪一起住。
・背「色盲表」逃過了志願兵。可是，又變成第一屆徵兵適齡的役男。
・辭教職，入彰化青年師範學校就讀，結識同學沈英凱，開始讀世界文學名著。
・正值大戰期間，天天都會有空襲警報，晚上不准點燈，也就不能看書了。學校規定每一個學生自己挖個防空壕，躲在墳地大坑看書。

1945-1948（二十一－二十四歲）

・畢業於彰化青年師範學校，因「學徒動員令」服日本兵役學徒兵（海防警備兵），駐守大甲。抄了厚厚幾本筆記本，思想性的、句子美的、含意深的……。當兵時根本沒有書看，就靠這些札記過日子。某日上廁所站起來時竟把這幾本筆記本掉下便坑去了，以後好幾天失魂落魄，難過了好一陣子。

・當兵時患熱帶瘧疾，天天發高燒，聽覺受損，一直戴著助聽器。

・日本投降，第二次世界大戰結束。

・任龍潭國民小學教師。開始讀祖國語文，如《三字經》、《百家姓》、《增廣賢文》、《幼學瓊林》……等。學ㄅㄆㄇ，買字典，認眞學國語。

・考上了臺大中文系，因爲聽覺受損，上課的時候，聽不清老師在說些什麼。只好休學返回龍潭任原職。

如果這樣就過了一輩子

有時候想，賴和、楊逵、吳濁流……，這些曾經記錄過台灣、貼合著台灣脈動的每一個名字，都不應該只是節日、慶典上一個「名字的標本」，他們應該有機會成爲生活的一部份，應該走進活生生的記憶裡，被討論、被引用。

在課堂上，把「年輕的鍾肇政」印成講義，和孩子們一起揣想，如果這樣就過了一輩子，鍾肇政會變成一個怎麼樣的人？

孩子們對「小學三年級就展開的初戀」，眞是讚嘆、羨慕不已，「疼痛流離的歲月」，不能在現代人生裡讓他們感同身受，「抽糖」、「耳朵壞掉」、「學各種語言」、「在墳坑裡看書」…

…，這些「線索」，他們卻一再津津有味地轉述，並且在文字裡，天馬行空地假想「鍾肇政長大以後」。

很多假設都喜歡從「小學三年級的初戀」延伸，鍾肇政成爲一個超級多情男子，遇到教書同事，兩心相惜，即使妻子得了癌症，仍然只愛她一個人，直到她永遠沉睡在他的懷裡（多像通俗日劇！）

還有更多情的版本。鍾肇政像平常人一樣，結婚，生子，直到臨終前做了一個夢，他還是和小學三年級初戀的那位女孩，永遠幸福的生活在一起，不管經歷多少時間，誰都無法取代，那位三年級時的初戀情人。

從「耳朵不好的鍾肇政」，這線索開始發展名偵探柯南精神的孩子更多。有說他成爲音樂老師；說他專注

日子過得很純粹，這樣就過了一輩子

作曲，灌唱片，成爲「台灣的貝多芬」；說他改去管理圖書館；說他改行當公務員，一輩子委屈壓抑，滿肚子牢騷；說他被炒魷魚後，心情不好，摸到抽糖抽到的口琴，到樂器行去上班；最浪漫的是，無法再清楚聽到聲音的鍾肇政，眼睛，成爲觀察整個世界的工具，最後變成一個作家。

同樣成爲一個作家，有人就表現得複雜多了。常常因爲帶助聽器被嘲笑，鍾肇政不得不辭去教職，一邊遊山玩水，一邊決定在山區成立教會（記得吧？他喜歡在教堂裡二部合唱），教友中有一個印刷廠老闆，鼓勵他寫書，並且替他印刷、發行，他才成爲一個作家。

隨性的孩子從「躺在墳坑裡看書」的線索裡發展出，一輩子生活在一座

「像圖書館一樣的豬窩」裡的鍾肇政；樂觀的孩子相信，科技發達後，鍾肇政動了手術，繼續完成台大中文系教育，成爲中文系教授；有見識的孩子認爲，鍾肇政感受到福佬語、日語、北京語這些強勢語言影響，客家話獨特風格慢慢消失，所以他開始尋找客家話更多的可能，推動客家運動。

最喜歡的一種設想是，鍾肇政學過福佬語、日語、北京語、客語，後來又學美語，專業從事翻譯，沒有上班，只是像他爸爸一樣，開了一間雜貨店，一邊看店一邊寫稿，還好沒有生小孩，否則，一定注意不到，會有一大堆孩子，拿他的錢去抽糖或到日本訂雜誌。

雖然鍾肇政最後沒有成爲「貝多芬」；沒有開過雜貨店；沒有去樂器行、教會、公家機關上班……，想起來還是覺得很神奇，不必靠子平四柱、紫微斗數、星座論命，不同時代不同成長背景的大部分孩子，居然根據這短短的二十四年生活內容，就可以「預言」鍾肇政長長的一生。

多情，愛看書，成爲作家，成爲客家運動的舵手。

這就是他的一輩子。

多情鍾肇政

如果鍾肇政的一生，可以自由自在地在繁華大稻埕長大，不曾經歷語言族群的磨難和挫折；不曾經過升學競試的失落；不曾受過日據統治的恐慌壓迫……，如果他的年輕時候不要有那麼多的不如意，一點一滴地關起了他心裡的一道又一道門，像他那麼容易被疼、被愛、被依賴的一個人，又那麼溫柔善感地接收到各種女子內在和外在的珍貴，我們真的很難想像，這個溫厚多情的男子，會怎樣縱恣地在一個又一個不同的紅顏風景裡，愛、並且被愛呢？

不知道是「幸」還是「不幸」，他沒有像川端康成、像畢卡索……這些在女性青春中迸現火焰的藝術家，一輩子愛戀不斷，因爲，他總是一重一重替自己加了許多安全栓。

他對女性的看法這麼的矛盾，一方面受到日本詩人影響，嚮往容色端麗、氣質高雅的女性角色；另一方面又深受《卡拉馬助夫兄弟們》的感動，認爲只要是女人就可以當老婆，因爲，這其中有一種沉沉的、屬於「地母」的重量在撐持他。《濁流三部曲》裡的秋香、銀妹，《沉淪》裡的韻琴、秋菊，《滄溟行》的松崎文子、玉燕，還有《插天山之歌》那位奔放動人的女性奔妹，這麼些溫柔美麗的女性塑像，是他那兩種女性標準在相互拉鋸侵浸重疊渲染的結果。

加上從小喜歡看的日本武士小說和武士電影，那樣明確地在他腦子裡揑塑出，所有的武士都在追尋自我的精神世界，自然而然地以那種自我完成的莊嚴與壯烈，打動女主角，然後在愛情上被動地被女人追求，所以鍾肇政從小就認爲，「眞正有出息的男人是要被女人追求的」。

前往「彰化青年師範」就學前在小學教書，他會彈琴、唱歌、寫書法，常被女同事包圍著，即使有喜歡的人，也一直在等她來追求。直到那位曾經在他心裡停留過的美麗日籍女同事忽然死了，那麼青春華美的年輕生命，就此無影無蹤，他心很慌，怕愛和生命都這麼倉促無常，顧不了什麼「追」或「被追」的觀念，第一次，可能也是他生命裡的唯一一次，他在愛情上展現了積極的行動力，急急寫信表白。

在龍潭教書的鍾肇政

戰後回到母校龍潭國小教書，分到一間教員宿舍。有位基督教牧師的女兒和他一樣住在教員宿舍，他們都孤零零一個人，她總是特別照顧鍾肇政，一起吃飯、一起去做禮拜，感覺上好像可以很親密，可是，他內在的「安全栓」又在自動發生作用，因為心裡放著一個人，始終不肯逾越。牧師的女兒考取金陵女大後，臨行前，拿了盆親手種的小小盆花給他，戀戀不捨地交代：「我走了以後，你要把這盆花當作我，好好地澆水噢！」

他別過頭去，心裡輕微痛楚，只覺得愧對朋友，可是那時候他心裡裝的都是清子那喜歡穿紅衣服的影子。

二二八事變時，整個島都亂烘烘地失序傾頽，因爲他的熱戀，他卻眞以爲生命是首曼妙無解的歌。

二、三十年後，一九七四年，他才出版了這段自傳色彩極濃的小說《青春行》，戀愛是失敗了，但文學給了他更多源源不絕的情愛。

他是這樣熱烈而不輕易表露的人，一旦愛上，就是傾天頽地的不顧一切，也因爲這種瘋狂燃燒的強度，當愛燒成灰燼，連「心」躲在哪裡還好好活著，他都不知道，只知道不能再這樣愛了，不願意再這樣愛了。

他開始一次又一次相親。身爲擁有五姊四妹的鍾家單丁，結婚傳宗是他的責任和義務。一九五〇年，二十六歲第七次相親和張九妹女士相遇，雙方家長殷殷期盼，九座寮鍾家與他們三坑子張家應該結親，也一定會結親，因爲鍾肇政的曾祖父興傳先生，曾經應聘到張家去教門館，無論學問做人都深受敬重，雙方兩三代人交情很深，結成親家的願望也更爲強烈。

鍾肇政青春早夭的大姊曾許給張家一個男孩，整整過了二十年，這時才有機會，由鍾肇政完成兩家結親的宿緣。他順從長輩意思點了頭，心還想「我就去結婚了。」「會不會就糟蹋了人家呢？」

最初的執拗

當時，張九妹是四鄰最出名的勤奮女孩。沿著三坑子的清幽小徑爬高，張家的茶園就分佈在最高的台地上。茶事忙碌而勞累，父親患了腰痛，扛不動犁，多半由九妹這個梳著兩條辮子、瘦楞楞的姑娘，奮勇扛起犁，跟在牽著牛的老爸背後，沿著羊腸山徑，奮力地爬上那段急陡的坡段。

結婚後，他們在九年間孕養五個子女。岳父病危臨終前，當時石門水庫正在興建，石門大圳同時開鑿，原來的小徑被腰斬成巨大的山溝，形成斷崖，如果沿馬路先走到三坑子，再走老路，足足需要一個小時那麼久，鍾肇政斷然宣佈：「從這兒下去！」

九妹驚住，她能否攀著麻繩下去，已經是個大問題，何況還有十歲、八歲、六歲、四歲、兩歲的五個小蘿蔔頭。上頭兩個，大概不會有太大困難，下面三個呢？

鍾肇政沒讓九妹遲疑，從她手裡接過老么，左手緊緊抱住，右手用力地抓住麻繩，一步步慢慢地、小心地半滑半溜下去。兩丈多的懸崖，不到幾分鐘就下去了，而老二這個大兒子，不

鍾肇政夫婦在妻子娘家門樓前

鍾肇政的結婚照

等老爸下地，很快就跟著下來。

放下老么，仰頭一望，大女兒在歡呼，九妹也卸下驚懼，惶惶露出了笑。鍾肇政迅速上去，抱下老四，老三躍躍欲試，他雖然有意讓這個已經會玩會調皮的小兒子自己下去，因爲做母親的害怕，他還是順從了她的意思，抱起小兒子，命大女兒跟住，順利地下來，最後輪到九妹，她還在驚疑，不過已經沒有選擇餘地了，他再次上去，讓妻子緊緊跟在上頭，緩緩下來。

很多年以後，他們一直不能忘去，那個危崖，那場彼此之間密無間隙的親密偎靠。那是鍾肇政第一次嶄露出這輩子從來沒有變動過的「執拗」，一種「爲所應爲」的本能，不假思索的判斷與堅持。

他不會用一種英雄威武的姿態，向命運的風車作戰，只知道，毫無轉彎地「做應該做的事」。在不得不面對的堅持裡，他可以用生命做代價，和「未知」對奕。

這樣的丈夫，會是一個好丈夫嗎？究竟，這樣算不算幸福呢？

九妹眼睛裡掩著羞怯，淡淡笑著回顧，年輕時

擁抱幸福，國建會後和妻在太魯閣

農事一直都那麼忙碌，每個月初一、十五要拜「伯公」，是她唯一不用下田勞動，並且又可以跟鄰居親戚們碰面聊天的機會，儘管只不過一兩個小時而已，然後又得匆匆趕回家忙她在田裡、園裡的農事，可是，她好快樂，從來沒有缺過一次，有一位遠房伯父最喜歡幫她許願：「伯公伯婆，阿玖這麼乖，你要保庇她，給她嫁個好老公，要最好的老公哦……。」

他們的婚姻從頭到尾都沒有痴纏執著的熱烈激情，可是，「拜伯公」的許願，一次又一次，在閒聊中被自然提起。刻意纏著九妹，央求她用一句話來形容鍾肇政。她靜了靜，臉一紅，別過頭去整了整桌上的番薯葉子，忽然不相干地說：「番薯恁靚（番薯好漂亮）。」

一直到不經意的閒聊，她才抿著唇笑，溫柔地指著他說：「佢哦，冇管別樣。脈介都冇要緊。吃飯看字，痾屎看字，落大水、屋肚漏水，佢脈介都不識愁。（他呀，什麼事都不管，只知道讀書，一點都不知道憂慮。）」

空氣裡彷彿還盪著空曠的伯公廟前，清儉虔誠的聲音，要最好的老公哦……。

河流一定要奔向海洋

一結婚，鍾肇政肩上的責任好像忽然加重了，父母親，幾個姊姊，還有一個原本還很陌生的女子就要加入他們，而且是長長遠遠的一輩子，這之間有多少的甜蜜、疼惜、感激甚或是期望與爲難，一時都理不清楚，因爲不易理清，反而在他心裡懸盪成千言萬語，成爲最緊要的寫作動機。

剛好在初初接觸報上的所謂「副刊」，看到月刊《自由談》正在做「我的另一半」徵文。他下了決心要試寫這麼一篇文章，但在這十幾年來完全依賴日文在寫、讀、說的「中文門外漢」心裡，始終覺得文學是托爾斯泰、杜思妥也夫斯基、屠格涅夫這一類讓人心甘情願去頂禮膜拜的「巨人花園」，從來不敢抱持任何幻想。他就這樣開始了「不敢多想」的第一次嘗試。

根據字數限制，寫了三千字，然後在閣樓上找到一疊標示著「原稿用紙」的發黃紙張，一個字一個字填上投寄出去。一九五一年三月廿日，長女剛落地，心頭喜悅正在奔竄，四月一日接到新書，赫然發現，生平第一篇文章刊登出來了，而且被放在徵文錄取作品首篇，編者還在文前簡介說「作者是本省青年，學習中文未幾年，已有此成績，殊屬難能」這一類話，不但全家人沾著喜悅，更重要的是，鍾肇政開始理直氣壯、信心十足地往文學的路上走去，即使是處理他不熟悉的語言文字，仍是如此勇敢卓絕。

心裡有一些祕密的騷動，不能自主地無聲沸騰。他開始覺得自己有一些珍貴的、並不確知的內在，可以走進「巨人花園」，寫寫東西，表現一點點屬於他自己的風情。記得當時有幾個朋友到鄉下看他，當大家計畫一趟遠程旅行時，他脫口說：「我想，我可以賣稿子積一點錢，便不必擔心籌不出旅費了。」

後來好長一段時間，每想起自己曾經說過這話，就覺得無地自容。稿子一篇篇地寫，也一篇篇地寄，哪裡知道，又一篇篇地給退了回來。

退稿讓鍾肇政更清楚地看見自己。年少的無知與狂妄，不知不覺都被退稿磨光了，他慢慢降低了標準，覺得文學終究是「巨人花園」，從世界文學史可以看出，那麼多二十歲以前寫出

在新落成的住家前的全家福

傳世名著的人，或者在二十幾歲時就寫下曠世巨著，可見，文學需要天才，再仔細去檢查自己，不但欠缺這種發熱發光的天才，更要命的是，二十歲才「啓蒙」，不論先天後天，鐵定都成不了作家，只能在文字上平平凡凡地，練習圓滿地把自己的意思表達清楚。

這也就夠了。不能接受這個平凡的自己，又能怎樣呢？

即使從小就在音樂方面顯露了不凡的才華，但從未獲得培養的機會，反正，當了小學教師，也沒有別的路走，他只能無助地寫，無求地寫，並努力嘗試各種創作形態，經由日文試譯西洋詩篇，撰寫兒童讀物，這些嘗試作品刊出數十篇，只是，創作稿還是不斷不斷被退了回來。

兩年、三年過去了，退稿還是很多，不過從十分之九，漸漸地，減至十分之八，十分之七。彷彿在字紙之間，有一種魔咒，他的熱情，他的困頓，他的快樂和悲哀會自己飛出來找位置，除了寫之外，有時也翻譯，明知發表無望，稿子卻越寫越長。

第三年暑假，他取材自自己的日軍軍旅生活，一口氣寫下一部十四萬字的長稿《迎向黎明的人們》。夾纏在長篇小說裡，一張又一張難忘的臉，一段又一段愛恨糾纏的前塵往事，讓他清楚地看見自己，從青少年過渡到青年這段感受最強烈的年紀，活過八年戰亂，與異族相處，當上了日本兵，備嘗生死一線的掙扎，特別是那些對本島人懷有民族仇恨、苛虐備至的軍營生活，他心裡開始生出迫切的「責任感」，第一次，清楚抓攫到自己應該掌握的文學主題，渴望爲經歷過的時代，留下一個見證。

文稿完成後投寄「中華文藝獎金委員會」（簡稱「文獎會」），這是政府撤退台灣不久後成立的機構，除了每年頒贈兩次各種形式的文藝創作獎外，還有一份機關刊物《文藝創作》，由於當時文學刊物少，報紙副刊又只能採刊一些兩三千字以內的小說、散文、詩等作品，因而投稿的人好像很多。即使對於得獎充滿了期盼，鍾肇政還是在心裡做好了「退稿」的打算。

接到退稿後重讀這份長稿，在造詞遣字方面，自覺已經擺脫日文羈絆，對當時以「反共」「戰鬥」爲主的文壇大勢，也慢慢有了領悟，可以說，光復後整整十年，鍾肇政二十九歲。總算初步有了中文能力，也培養出冷靜觀察週遭的眼光。從ㄅㄆㄇ那樣遙遠艱難的開頭算來，一直到能夠流利地以中文書寫，一共經歷了七、八年歲月。

一個人的一生，能有幾個七、八年的年輕時光可這樣虛擲的呢？

誰也沒辦法想像，他會以「七、八年」的幾個倍數，堅持在文學途上，愼重地審視自己生活的環境，聽見自己的心跳，也努力張大眼睛，奮力去掙脫視野的侷限，放大自己，不斷放大自己。一九五六年九月，鍾肇政三十二歲，重光文藝出版社結集出版他所譯的創作理論《寫作與鑑賞》，這是他的第一本文集。

像河流一定要奔向海洋，他不能停下筆。不斷不斷地寫，越寫越成熟，越寫越彷彿看見了，從來想像不到的，無邊的海洋。

第四章　忽然開了一扇窗

鍾肇政

當「不斷地寫」成為生活的必要，
向天空飛，是唯一的方向。
天空，沒有留下飛翔的翅膀，
只有自由，開拓著豐富的土壤，
無限地，讓風在吹，讓花在開，
讓每一吋空氣都芬芳……。

忽然開了一扇窗

靠著書信在戰後很快與沈英凱取得聯繫，這個跟鍾肇政一起失戀、一起躲在壙坑裡看書、一起約定「再回到我的擁抱」的好友，已經不再是舊時那個和他差不多的小書蟲。

經過全面性對「祖國」的重新認定以及二二八的洗禮，沈英凱的格局不斷放大、放大，開始覺得，必須從政治上改革，台灣才有希望，中國也才有希望，考上廈門大學後，立下志願，將來要回台灣來選縣長，另外兩位好友之中，一位是他的建設局長，一位財政局長，而他派給鍾肇政這書生的職務是「主任秘書」。可是，這個夢想在國民政府在內戰裡節節敗退中，如頽城般迅速崩裂，沈英凱大陸的學業不得不半途而廢，回到磚廠經營祖業。

他們各自結婚生子，在「只好這樣了」的黯色心情底下，無可奈何地安定著，經歷過「白色恐怖」的國民黨獨裁統治，舊時閃爍著光亮的夢想，好像也都不可能再有更多更大的作爲了。

一九五七年春，鍾肇政三十三歲，收到同樣是本省青年而在當時文壇嶄露頭角的作家廖清秀的贈書，文獎會長篇小說獎得獎作品《恩仇血淚記》。這是鍾肇政第一次在寂寞無人的文學路上，聽見不同的聲音。

長年蟄居的鍾肇政，那麼渴望擁有一些志同道合的朋友，由於那本贈書，開始與廖清秀通信，總算覺得自己不再是幾年來的孤苦無依了。在與廖清秀通信中，他才終於看見，台灣青年從事寫作的，不只是寥寥一兩個人而已，李榮春以七十萬字巨著《祖國與同胞》得「文獎會」

稿費獎助，打破最高額稿費記錄；到了一九五六年，更有鍾理和以《笠山農場》，榮獲長篇第二獎（第一獎從缺），還把兩個當時最負盛名的小說家壓下去（第三獎兩名）。

這些文壇大事，讓鍾肇政大開眼界，好像忽然開了一扇窗，讓他看見，台灣作家終究打破十年來的沉默，新一代的人才一一出現，雖然自己沒有得獎，還是衷心感到興奮與榮耀，對這些作家懷著難以言說的崇敬與羨慕，他開始相信，讀日文長大的孩子照樣可以用中文寫作，而且也可以有不凡成就。

他一方面信心十足地快樂著，覺得整個台灣文學的未來，像蓄勢張著花苞的鮮色花園，能夠肩負起台灣文學責任的人，終於出現了；一方面又深深看見自己的限制和悲哀，雖然明知道廖清秀參

戰後重逢的沈英凱（右）和鍾肇政

加過寫作班，有過「名師」指點，而且住在台北近郊，得風氣之先，與僻居鄉下的自己不可同日而語，但是仔細去想，這些條件都不是最重要的，重要的是，創作的源頭在於「才華」，深深受到和歌影響、習慣往悲觀方向鑽牛角尖的鍾肇政，難過地下了結論，自己遲遲不能有所突破，原因只有一個，那就是缺少了那麼一份「才華」。

這個發現讓他痛苦，但又束手無策。有意思的是，和歌的虛無讓他沉溺，但也讓他輕易平衡地接受虛無人生。

沒有才華就沒有才華吧，努力學習，總會有一些所得，而且，自己從小就是個書迷、小說迷，對小說家、作家從來都有「高在天邊、只可仰望」的根深柢固觀點，甚至有「非我族類」的崇敬距離感，既不敢存有成爲作家的「野心」，對自己的欠缺才華也就能淡然面對。

既然承認自己沒有才華，那麼爲有才華的人服務乃是份內的事，也可能重建台灣文學。鍾肇政一直相信，這些有才華的作家同心協力，必定可以完成一些「什麼」。

究竟可以完成一些什麼呢？「台灣文學」四個字，在他腦子裡漸漸凝聚成爲一個鮮明的意念。在日據時代，他醉心於日本古典文學如和歌一類作品，後來興趣又轉向西洋文學，總覺得日本現代文學與那些歐美的皇皇巨著比較起來，似乎難有多少份量，連帶地，他也率爾把同樣用日文創作的台灣文學當做「日本文學」的一部分，偶爾在逛書店時發現《文藝台灣》、《台灣文學》等，根本不能觸發他的興趣。

光復後，台灣文壇熱鬧了一陣，報章上有過有關台灣文學的諸多討論，然而，鍾肇政始終認定自己，不過是無數渺小讀者之一，一直置身事外，看著熱鬧。

而這樣的熱鬧也僅是曇花一現，「二二八事件」後那種蓬勃氣象一下子熄滅，隨著政府撤退來台，一切不同聲音在強大的有形無形壓力下走入沉寂，「台灣文學」這四個字也安靜地沉沒在地平線下。

過了這麼多年，新生一代繼起，鍾肇政相信，他們必須、也勢必負起下一代「台灣文學」的責任。想到台灣文學有了這些「有才華的人」，必然也會有新的局面出現，他們可以說是荒蕪多年的台灣文學這塊園地的開拓者。那麼，究竟自己可以做些什麼呢？他開始設想自己的籌碼，思索台灣文學的位置，在他心裡，「台灣文學」的形象漸漸形成，是屬於台灣的、台灣人的、獨特的……

《文友通訊》的快樂與悲哀

究竟自己可以做些什麼呢？

鍾肇政沒有想得太深入，只是根據一種習慣性的「爲所應爲」的本能，不假思索地去做「應該做的事」。他既已自認沒有才華，做一些笨工夫，自然是他心甘情願的選擇。

他一方面想，自己可以扮演一個橋樑的角色，讓這些有才華的人互相認識，彼此切磋、互勉互助；一方面又覺得在不確定的各個角落，不知道還有多少嘗試寫作的人像他那樣，沒有外來刺激，只能寂寞地躲在鄉間暗中摸索，孤苦奮鬥，無依傍徨，他們需要互相鼓勵，需要互勉互助，也更渴求友情的慰藉。

也許，可以發行一份刊物。這念頭一冒出來，像汽水開了瓶，接續不斷的小泡泡懸著轉著。他當然知道，像他這樣一個鄉下人，哪來辦刊物的能力？那麼，退而求其次，一個小小的油印品總可以吧？一個鄉下小學教師，刻刻鋼板，找幾張白報紙，是輕而易舉的事，想著想著，這份油印刊物開始在他腦子裡慢慢成形。

每月一期，每期四開白報紙兩張，定名爲《文友通訊》，不收費亦不發稿費，並著重報導各文友動態，免去個別通信的繁複勞累，規定所有文友每月寄一次稿；其次，每月由一位文友將一篇自作寄給各文友輪閱（次序另訂），閱後將批評寄下，以便在《文友通訊》彙集登載；到了每個月底通信時，各文友說明該月內已刊在報刊的作品篇名和刊物名稱，刊佈在《文友通訊》，其他人於次月內設法審閱，做好批評寄來登載《文友通訊》。

第一份《文友通訊》，根據廖清秀提供的作家名單寄發，人數只有七位。以陳火泉居長（當時五十歲），其次爲李榮春（四十三歲）、鍾理和（四十二歲）、施翠峰（三十三歲）、鍾肇政（三十二歲）、廖清秀（三十歲），以及最年輕的許炳成（文心，二十七歲）。

一九五七年四月二十三日，鍾肇政第一次發信，這是他在生命中第一次愼重提出，台灣作家的定位：「我們是台灣新文學的開拓者」，強調將來台灣文學能否在世界文壇上佔一席之地，確實是「我們不能推卸的責任」。

《文友通訊》發出後立即有了熱烈回響，第一個回信的是住在最偏遠的鍾理和，然後李榮春的回信深深撞擊了鍾肇政：「我的一生爲了寫作什麼都廢了，至今還沒有一個自立的基礎，生活一直依賴於人……爲了三餐，將寶貴的時間幾乎都費在微賤的工作上……。」

初試寫作時的鍾肇政

這位陌生朋友從第一封來信就深深敲擊著鍾肇政的心靈，他含淚讀了信，又流淚回了信，燃起一定要辦好《文友通訊》的決心，心想只要能給這樣的朋友一絲安慰，那麼一切辛勞便都有了代價。

接著，嚴重的問題跟著來了，有一位文友來信，暗示《文友通訊》的集結與往來，恐怕會招來禁忌。其實，鍾肇政並不是完全沒有政治警覺性，像他那一輩人，親眼目睹光復後的混亂及二二八事件的慘象，以及其後隨之而來的所謂「白色恐怖」，恐怖的陰影始終存在，但是，他總算感覺時局已經平靜了些，而且還一廂情願地認為，他們想做的事與政治無關，是一種純潔的文學活動，在起草通訊文字時也小心翼翼，在提到「台灣文學」四個字時，不忘點明是「中國文學的一支」，例如，第一次通訊裡的「將來台灣文學之能否在中國文壇上乃至世界文壇上佔一席地……」就是很明顯的例證。

可是，既然有人提出了心中疑懼，他就不得不將原先的計畫稍作修正。他把刊物名稱取消，印發通訊均以個人名義採通函的方式，其餘仍然不顧一切照舊去做。在第二次通信末尾他這樣寫：「朋友，老實說我非常苦悶，不，寧可說悲哀。但唯一的慰藉是我已認識了幾位陌生的朋友，而能夠略盡介紹之勞，也是我所引以為慰的。不管我們此舉將來如何，我都願意與各位結成精神上的至交，共同努力。同時也深信我們彼此間能經常聯絡，建立永恆的友誼。」

印發第三次通訊時（五月十八日），仍然有施翠峰在來信中說：「萬一某一文友或者某文友之朋友有問題，全體文友必受窘……本人看法，應以互相聯絡友誼為主，其他計畫尚屬其次。」

萬一某一文友或者某文友之朋友有問題，萬一……，鍾肇政沒有一日停下猶豫思索，但也不曾停下他的計畫。

他從來不是一個無憂無懼、奮力向前的勇士，但是，在再多的恐懼害怕裡，他也從來不曾讓步和放棄。還記得他帶著妻小滑下斷崖回岳家那段山路嗎？他就這樣在人生的每一個危崖裡，心裡一浮起「做吧！」的聲音，立刻就一股腦兒栽下，從來沒有準備過回頭的後路。

傷心迷霧

鍾肇政專心致志地推動著作品輪閱，訂下寄遞次序，由北而南，每個月由一個文友提供作品一篇，以郵遞方式依次傳給各文友，原稿最後回到提供者手上，批評意見則集中寄回，在通訊上發表。

當時，他有一系列作品，運用大量「方言」的表現方式，探討存在鄉間略帶封建色彩的婚姻，各篇題目分別訂爲「偷看」、「過定」、「接腳」、「上轎後」等，都是兩千多字的短篇小說。其中「過定後」這篇，應該算是第三篇，寫作時心血來潮，竟然發展成一萬三千餘字，在當時來說幾乎是不可思議的巨型短篇，結果在投稿時到處碰壁，本來覺得一連被退稿的作品，實在羞於見人，但又覺得失敗的作品更值得向大家討教，便提供出來，做爲首篇輪閱作品，並且訂定「幾點注意」：

一、批評切忌空洞不著邊際，最好優缺點一併指出，如有修改意見，更佳。

二、收到文稿日起算第五天一定負責寄出給下一位。

創作中的鍾肇政

三、寄件最好是利用「刷件掛號」，郵資由各文友負擔。

到第五次《通訊》印行（七月九日），第一次針對短篇小說「過定後」作品輪閱也有了這樣的結果：

總評：這是不堪一讀的劣作。作者想建立台灣方言文學，結果是畫虎不成反類犬，第一、方言與國語分不清，第二、白話與文言相混，不文不白，亦文亦白，便成不倫不類。以下就主題、結構、修辭三點加以分析。

主題模糊：是寫女主角失戀之苦嗎？文中的她並沒有深刻的愛。描寫迷信之不可靠嗎？但她初中畢業且服務社會兩年之久，似不會有那麼深的迷信。是表揚封建式結構嗎？於時代不合。因有此病，致全篇不夠明朗而顯散漫平淡。

結構：平鋪直敘，猶如老太婆話家常。

修辭：初看似平順流暢，但細加分析，便見多處意義含混，字句累贅，不夠洗練，且欠生動。計有一、累贅囉嗦。二、誇大過份。三、文白相混。四、意義含混。五、用字重覆。六、不夠洗練。

其他意見：一、尾聲裡一對年輕夫婦的出現，丈夫是誰不明白。二、使用方言必須有其普遍性，文中閩粵交用不妥。

當然也有一些正面的意見，像描寫鄉村人物頗為成功、部分心理描寫深刻、最後一封信的插入具見匠心、氣氛的醞釀很夠……。

可是，即使從一開始就把「作品輪閱」列為重點工作，並且強調批評必須切實、坦率，忽然收到各種各樣負面的評斷時，鍾肇政還是又羞又慚，傷心透了。他在私下的通信裡和鍾理和討論，鍾理和給了他許多支持、鼓勵，以及中肯的評議，總算帶給他不少慰藉。

不久，他偶然在一本文學刊物上看到此刊所辦的文藝函授班的「批改意見」，其中一篇竟與「過定後」的「總評」完全雷同，僅更動了若干字眼而已。原來那篇坦率的意見是從這兒來的。一旦恍然大悟，一掃那些「傷心」的迷霧，鍾肇政更能以一種較清明的心情來檢查、修正自己的作品。

火種不熄

除了作品輪閱之外，鍾肇政同時努力在《文友通訊》上，發掘一些問題讓大家討論，藉著和大家一起討論的過程，一點一滴，整理他自己的堅持和嚮往。第三期開始作品輪閱的同時，他提出一個問題，讓大家發表意見：「關於台灣方言文學之我見」。

方言文學就是方言文學，爲什麼硬要加上「台灣」兩個字呢？這就是鍾肇政的迷惑與堅持。他總認爲，台灣事實上已經成了中國各地方言匯集的地方，在這樣的處境裡，台灣的方言在文學作品裡應該有值得釐清之處；其次，台灣文學是否可以靠台灣方言的運用，而更顯現其獨特個性？在文壇上，這個問題尚未有人提起過，正好藉這個機會來討論一下。

這麼一個小小的篇幅，當然不能徹底釐清一個問題，不過，至少可以讓問題突顯出來，在第四次通訊裡，可以看出文友們較具代表性的見解：

陳火泉：「一句話，還是別去嘗試它，使用方言的目的，無非是要表現地方色彩，除非不用它就不可以表現地方情調，還是不要去碰它爲妙。就是要用，也要用括弧把它特別指出，或用註腳把它說明出來，以免含混。」

文心：「一、台灣方言文學，極值得嘗試，然台語先天不足，龐雜而不細緻，是否適用爲文學用語尚待吾人研究。二、文學本無畛域，故以小小台灣似無建方言文學必要，現今國語普遍推行，以國語取代方言似無不可。三、方言文學似不易爲不懂該方言者接受，無異作繭自縛。四、總結：無妨嘗試折衷方法，即以國語爲主、方言爲輔，問題在乎方言應用的技術，這有待吾人研討。」

鍾理和：「一、推行方言文學應具下列兩條件：人人皆諳台語，人人能以台語閱讀。台灣方言，山地不算，尚有閩粵二種，則難免顧此失彼。台胞能閱讀台灣方言文章者，恐爲數不多。二、我國自來受制於複雜的方言，彼此隔閡誤會的情形比比皆是，今有國語文通行，則不分省籍，皆可藉以溝通情感。基於上述兩點，方言文學實屬多餘。」

就當時而言，這大概也是「大勢所趨」吧？然而，執拗的鍾肇政，怎麼可能就這樣死心了呢？文學明明是描寫人生、反映人生的，「人生」是怎樣的，便應該怎樣地記錄下來，這是他一輩子信守著的最素樸的文學論。

眼看著台灣自日據以來，文學的工具用的都是人家的語言，至今台灣文學依然沒有自己的文學語言，鍾肇政在這次討論的「結論」裡簡扼地發抒了個人的意見，認為現行「國語」實則亦為北方方言，日久自然成為文學語言，並說：「因此，我們似不必以台灣地狹人少為苦，問題在於我們肯不肯花心血來提煉台灣語言，化粗糙為細緻，以便應用。我們是台灣文學的開拓者，台灣文學有台灣文學的特色。而這特色——運用本地語言應為其中重要一環——唯賴我們的努力研究，方能建立。我們在這一點，實在也是責無旁貸。」

這項討論既未見後續的意見表達，而且也沒有引起外界的反應，鍾肇政想藉台灣方言建立台灣文學的企圖便也歸於失敗，可是，這顆火種仍然埋藏在他的心中，永遠不肯熄下溫熱，靜靜地，在他隱密的內心底熊熊燃燒。

衆神的花園

在第四次《通訊》裡，文心提議，大夥應該聚會，彼此見見面，廖清秀也贊同，至少北部的文友應該聚聚，爲此，他開始詢問眾文友的意見。

其實，有了這麼一份互相聯繫的刊物，也建立了友誼，大家見見面是順理成章的事，怎麼還需要鄭重其事徵求大家的意見呢？除了這是禮貌上應有的手續之外，時代空氣也讓他們每個人在考慮這樣的聚會時，不得不小心翼翼。否則「非法集會」等等大帽子壓下來，叫人光想像就不寒而慄。

到了第五期，施翠峰具體表示：「如果大家願意在台北聚會的話，我願意提供寒舍爲地點，並願以茶點招待。」

綜合大家的意見後，第六期（八月十二日印發）刊佈了聚會辦法，八月卅一日下午五時，在施翠峰宅，聚餐費三十五元，由施君提供「家庭料理」，不能參加者需寄一張照片來，讓大家看看，不過鍾理和已經來信表示路遠無法參加了。事後廖清秀來函：「如果我們台灣文學將來有發揚光大的一天，那麼這次小聚可能在台灣文學史上値得大書特書。」

這就是大家共同的感受。

後來鍾肇政在《通訊》裡，除了簡單交代聚會情形，還爲各文友做了簡單的描述：「火泉兄眞是位風趣的人物，戴一付近視眼鏡，頭頂半禿，予人的印象是端莊凝重，大家閒談時，他總默默傾聽，一支接一支地吸著煙，一包雙喜馬上便給吸光了。可是開宴以後幾杯下肚，他忽然雄辯起來，前後判若兩人。他雖年屆知命，但由此亦可見童心猶存。榮春兄頭禿得比火泉兄還厲害，加上胖嘟嘟的身段，看來如一位學養有素的教授。他也是比較寡默的人，可是感受性似乎特強，始終微笑著，一雙眼則露出陶醉的眼光，可見心中蘊藏著熱情火燄。可是宴席未半，他就醉倒了。翠峰兄有一副魁梧的身子，一看即知精力充沛，眉宇間有一股若隱若現的強毅豪邁之氣，眼光炯炯、咄咄逼人，據我察看，他未飲半滴酒，嘴角老是掛著絲絲微笑，多半靜聽人家高談闊論，眞叫人莫測高深。清秀兄人如其名，一臉秀氣。一付近視眼鏡，益增其彬彬文質，看來較年紀年輕四、五歲，他是眾人中最雄辯的人，談話內容也非常淵博，尤其自由中國文壇圈內的大小事，娓娓道來如數家珍，無可否認，他是精明幹練的年輕人。文心兄是會中最年輕的，也是近視眼，外貌稍粗，言談卻文雅異常，充滿詩意，這和他的作品如出一轍，正是文如其心。他是後起之秀，前途令人矚目。最後我向自己請假一下：肇政是個不善辭令的人，某文友的評語——鄉巴佬，正是恰如其份。」

替這寂寞的一群帶來短暫歡樂的第一次聚會，就這樣過去了。沒有想像中的外來干擾，也沒有舌劍脣槍的文學議論。他們靠著《通訊》交換了無數意見，連各人寫了什麼作品，讀了什麼書，彼此都瞭如指掌，剩下就只有從神交的境地進了一步，大家互相認識了對方的廬山眞面目，並直接享受早已培養多時的友誼。

聚會後，無形中煽起了大夥的創作慾望，不但年輕的較前活潑起來，連屢屢表示要做一個旁觀者來得自在的陳火泉，和對文學心灰意冷的鍾理和，也都下定決心，再次執起創作之筆，鍾肇政千方百計從旁鼓勵，並提出一個口號：「創作、創作、再創作！」

整個《文友通訊》印發期間，這是唯一的一次聚會。但是在它「停刊」後，還繼續辦了兩次聚會。

一次在台北陳火泉宅，人數忽然膨脹了，當然，遠路的鍾理和仍不可能來參加的。這一次，可怕的干擾來了。一位遲來的文友一進來就驚慌地低語，說外面有兩三個人在若無其事地來回彳亍著，分明是在監視，也像是在站崗，雖然都是便衣的，但一看就知道是哪一路的人馬，這個消息使聚集在陳火泉的日式榻榻米住宅裡的十幾個人大驚失色，大家面面相覷，不知如何是好。也有人探出頭去察看了一下，證實確實有幾個人，有的在巷口，有的在屋邊，陳火泉強裝鎮靜，表示不會有事，要大家不要驚慌。總算大家稍稍平靜下來，紛紛互告我們只是寫作的朋友，見面聊聊而已，應該不會有麻煩。

不久，竟有穿制服的也來了，而且一來就是兩三個。他們不再徘徊瞻望，而是從大門筆直地過來，敲過門才入內，並表示是查戶口。陳火泉到玄關口去應付，說明這許多人集會的緣由，也找出戶口名簿、身份證等接受了查閱。手續既畢，這些警察便離去了，不久外頭的不速之客也離開，一場虛驚就如此告終。然而這場歡聚，便也因此變得毫無趣味可言了。

另一次是在龍潭鍾肇政家。一九六〇年七月，《通訊》停辦已近兩年，清一色的老文友，加上剛好在這段期間躍現文壇的鄭清文、鄭清茂以及張良澤三人，多病的鍾理和仍未能遠路前來，不久後的八月四日他就與世長辭了。

鍾肇政一直記得，這天宴後，嚮導大家遊石門水庫，不巧驟雨把大壩頂這群人淋成落湯雞，但大夥豪興未減，欣賞那濛濛雨中的山光水色，還清楚記得在豪雨中送張良澤到車站，細想來應該是送所有來客，可是記憶裡只有張良澤那淋得半濕、稚嫩外帶一點靦腆的理平頭面孔，那麼多年過去，無論時空如何阻隔，他們兩個人倒眞的交心交到深深的角落裡去。

終將成為過去的青春

《通訊》創刊一年後，一九五八年三月印發第十三期，已有文友反映意見，認為聯絡感情、鼓勵創作的原始目的已達成，原先的熱度已漸漸冷卻下來，不妨就此結束，而且稿子一向由鍾肇政一個人負擔，工作量重，引來了幾個文友的深切關懷與同情，另外，有新作寫成而可供輪閱者都已提供過作品，第二次提出作品，大家都有點意興闌珊。因此鍾肇政做了一個決定：作品輪閱停辦，改為兩個月印行一次，內容以報導文友創作活動為主，看到有人發表了作品，也希望隨時寫此意見來發表。

從第十四期（一九五八年五月）起，《通訊》改為每兩個月印發一次。而這一期，一向少發言的李榮春寫來了一封信，極力鼓勵大家勤於通訊，俾使她能維持不墜，鍾理和亦有沉痛發言：「上月初，心裡便在等待某種東西，一直等到月半還沒有來，於是終日忽忽若有所失。後來才想起原來是在等待《文友通訊》，並且由此才想起原來《通訊》已不是每個月都有了。這思想使我沮喪失望……。」

似乎這兩位境遇最堪憐的文人，對《通訊》欲振乏力的感觸特別煎熬。

看鍾理和這幾句話，鍾肇政切身感受到他的焦灼與惶恐，為之惻然黯然，然而，《通訊》的頹勢已無可挽回，到了九月份的第十六期，他終於宣佈：「《文友通訊》今日壽終正寢，享年一年另四個月。」並在僅有一千字左右的短短最後一期的末尾，寫下了「告別的話」：「《通訊》雖然沒有了，但它在天之靈將永久為各位祝福，也為未來的「台灣文學」開出一朵朵璀燦的花！」

《文友通訊》這短命的刊物，開始於一九五七年，看起來雖然卑微簡陋，但是，如果說「台灣文學是苦命的台灣人的文學」，那麼它可以說是由「白話文、台灣話文、日文並列」而至「清一色日文」的苦命的台灣文學史上，於戰後形成另一個轉折，成爲「清一色中文」的過程中的一朵蒼白的小花。

數來數去只有那麼幾個創作者，大家又都是經常面臨退稿命運的苦命角色，只能靠著《文友通訊》互通聲氣、互勉互助，那樣地相濡以沫，和今天的文學狀況相對照，眞覺得「恍同隔世」。

鍾理和貧病交迫，到了三餐無以爲繼的地步，一灘灘的鮮血吐在稿紙上含憾以終，至死希望有本自己的著作行世而不可得。他是這些苦命人中最苦命的一個，《文友通訊》結束後不到兩年就死了，得年四十五歲。然而，生前寂寞的他，死後竟享有了盛名，有全集行世，有人爲他拍傳記電影，爲他建立紀念館，成爲台灣第一位擁有傳記電影和紀念館的作家。

一向居無定所、在一個兄弟所開的腳踏車店替人擦腳踏車的李榮春寫了十八萬字的長篇《海角歸人》，在《公論報》連載；後來又寫了五十萬字的《八十大壽》，寫作是他生活的一部分，寫得好不好，發表與否，都不在意，也許，這不只是一種寫作方式，而是一種讓人肅然起敬的生活方式。

陳火泉誕生於一九〇八年，鹿港人，是這一夥人中名副其實的龍頭老大。遠在日據時，他就是一位聞名的小說家，所著中篇小說〈道〉轟動一時，據云曾列入芥川獎決選入圍作品，差一點得獎。在這群人學中文的過程中，他吃了最多苦頭，與漢字搏鬥，與退稿周旋，幾乎就是他的日常生活。其後，他終究走過了這條坎坷的道路，一九六八、六九年間，他突然莫名所以地停筆，沒想到十年後，平地一聲雷，他改以散文家的姿態重現江湖，而且很快地陸續輯成「人生七書」，成了一名暢銷作家，獲得國家文藝獎。

依年齡大小次序排下來，在陳火泉、李榮春、鍾理和之後，一九二三年次學美術的施翠峰居四。《通訊》時代，他與廖清秀是其中僅有的兩位在當時文壇上知名的作家。他寫小說、散文、雜文，也寫美術評論，並有美術史方面的論著，還有電影劇本拍成電影，堪稱十項全能，譯作更在各種期刊及報紙副刊上經常出現，《通訊》停辦後，他最早停下創作，可以說，及時脫離創作苦海，當他的名學者、名教授去了。

一九二五年生的鍾肇政排第五，日日夾纏在文字裡，始終不曾「退役」。老六是廖清秀，一九二七年生，有創作也有譯作。當初最年輕的文心（許炳成，一九三〇～八七）竟然早一步棄世，他很早就離開小說創作崗位跨向電視劇本。

《文友通訊》雖然結束，各自的私人情誼才剛開始，和鍾理和的通信，常常寫到從來不表露的內心深處。鍾理和住在南部深山裡，連有什麼刊物可供投稿都不太明瞭，新作只能一篇篇寫由鍾肇政轉投出去，鍾肇政成了他的第一個讀者，而經他轉手投寄出去的稿子（絕大多數投往林海音時代的聯副），也多半能得到發表機會，給了這位貧病交煎、命途乖蹇的作家不小的安慰與鼓勵。

第五章　生命主題

如果從來不曾，察覺我們的「生命主題」，
是不是就會錯過一些機會去發現，
有一些聲音，一直在耳際；
有一些行為軌跡，一直在重複；
有一些人事遇合，持續不斷地讓我們觸痛和歡喜……。
然後我們永遠也不知道，
發現和接納，是生命多麼美好的課題。

魯冰花開了以後

光復後的台灣文壇，一直都以「反共」、「戰鬥」爲核心，難以接納以寫實爲基礎的台灣文學，所以，《文友通訊》裡這群相濡以沫的朋友，其實都是「退稿專家」。到了五〇年代後半，千篇一律的文學八股開始讓人厭倦，林海音執掌下的聯副以「純文學」姿態出現；一九五六年，夏濟安等學院人士創辦了《文學雜誌》；跟著，好多家報紙出現了「星期小說」，可以容納七八千字的短篇，不再只是一般副刊上所能容納的兩、三千字的小小說；一九六〇年，《現代文學》創刊，文學上一個新的時代，開始萌發，更年輕、更沒有日文包袱的新一代，黃春明、鄭清文、陳永善、七等生、李喬……等，一個又一個耀眼的名字冒了出來。

這時的鍾肇政，已經不是那個嫩澀又容易自卑自苦的小書蟲，不但對文學有更深一層的體會，文筆上也顯得圓潤而成熟。

由於第一部長稿的失敗經驗，他一時還沒有勇氣再去處理那個「有責任見證時代」的大議題，只是把題材鎖進心裡一個沒人可以奪去的櫥子裡，努力磨練文筆，蓄積實力，等待更有力量時再下筆。

發表了第一篇自覺比較滿意、形式上也較完整的短篇小說〈柑子〉後，鍾肇政陸續寫了許多充滿實驗精神的短篇，而後，利用寒假前後一個多月時間，從現實取材，以當時教育弊病爲主題，嘗試一部小型的長篇小說投寄到聯副，林海音接到後立刻寫了信來：「預定中的連載未到，剛好接到此稿，連夜拜讀，覺得不錯，便讓它上了。」

那時候，沒有人看見，命運正坐在他的前方對他微笑。

稿子寄出後第五天，鍾肇政正式問世的第一部長篇小說《魯冰花》，開始在聯副連載。那是五〇年代少見的「鄉土」作品，以一雙溫厚注視著人間的眼，對人性入微的分析刻畫。連載期間，讀者反應熱烈。他一直昏昏然地快樂著，像旋轉馬車，鮮色燦亮的心情讓他看待一切都不可思議地樂觀起來。他在文字裡寫，「魯冰花」其實就是「路邊花」，種在茶樹行列之間，凋謝後被拔起來放在茶叢下做肥料，《魯冰花》的發表，也同樣成爲鍾肇政一生中最重要的營養。

在他和鍾理和往返的信件中，不只一次談起寫長篇的事，彼此都在構想著「理想中的長篇」，可是鍾理和身體一向病弱，精力有限，不敢貿然著手，並且他們知道，副刊上的連載，他們這些人不會有份。《魯冰花》原也不敢奢望有發表機會，竟然刊登出來了，既然有這種意外發生，便是一個機會，鍾肇政急切而熱情、天眞地給鍾理和寫了信，要他馬上開始那部「理想中的長篇」，趕在《魯冰花》之後，繼續佔住那個連載的位子。

過了好多年好多年，他還是會想，是不是那十萬火急的催稿，逼得鍾理和透支了體力，以致舊疾復發，僅一日即告不治。第一次，面對好友之死，除了痛哭，寫下「哭理和」，還千里迢迢跑了一趟美濃，仍然不肯相信，怎麼可能呢？他們那麼親密卻始終不曾見過一面，只能面對著故人遺影，陪著因爲鍾理和作品在文學史上不朽的平妹和一群幼小的孩子一起相依對泣。

然後抑壓著心碎和疼痛，與林海音、文心等人組成「鍾理和遺著出版委員會」，替他出版小說集《雨》，完成他的遺願，並且始終把這份情誼放在心上，鍾理和逝世周年，他們替他出版第二本小說集《笠山農場》。

和提攜他的林海音（左二）合影。（後立者殷張蘭熙，前坐者聶華苓，背景為龍潭大池）

滔滔濁流

《魯冰花》的成功給了鍾肇政極大的勇氣；老友猝死，又讓他警覺到，見證這迅速變動的大時代裡的自己，確實責任重大。

一九六一年，他終於決定面對那個「理想中的長篇」，把不被接受的《迎向黎明的人們》重新構思，擴大內容，著手《濁流》的執筆。投寄當時公認的「第一大報」中央日報副刊，很快地便開始連載，而後相繼寫成《江山萬里》、《流雲》三部長篇。

這就是後來集中以三部曲形式出版的《濁流三部曲》。故事是連貫的，卻採各個獨立的格局，以同一個男主角陸志龍貫穿三個時段，描寫台灣光復前後社會的變局。第一部呈現民國三十三年

鍾肇政從王雲五手中接下嘉新文學獎

春，日閥敗象初露，但猶做著「大東亞共榮圈」的迷夢，臺灣青年隨時都可能被徵去當砲灰、心情最苦悶的時期；第二部是民國三十四年春到日本無條件投降的半年間，日閥面臨最後關頭，正在做困獸之鬥，臺灣人在熾烈空襲、物資缺乏以及盟軍可能登陸的重重威脅下呻吟，同時抱著祖國即將勝利、臺灣即將光復的偉大希望；第三部寫光復後半年間的台灣社會，台灣人著手清理自己身心中殘留的日本軍國主義教育的遺毒，努力揚棄偏見，學習中國語文的一段辛酸歷程，然而，那樣的祖國又不得不讓他猶豫疑惑，眞不知道該走往哪裡去？

全書以知識分子的遭遇爲經，以日據前後的台灣社會爲緯，從《濁流》的悲慘翻騰，到《江山萬里》的遼闊與沉重，再到《流雲》的徬徨、遲疑、不知何去何從？

有人說，這部書是鍾肇政的自傳，其實，不如說鍾肇政的每一部作品，都是他自己。

他對生命有太多的質疑和痛楚，然而，那樣的時代，那樣的人事遇合，從來不曾讓他痛快地把自己表現出來，所以，他只能寄寓在文字裡，每一個主角的痛苦，就是他的痛苦；每一個主角的奮力掙扎，就是他的奮力掙扎；每一個主角的失落與徬徨，同時也是他的失落與徬徨。

他創作的熱情因爲發表順遂，開始熱烈地燃燒起來。

同時在各種不同媒體發表中篇小說「摘茶時節」、「初戀」、「殘照」，收錄在《殘照》書中。這些初期作品，都以戀愛爲題材，敘述愛的本質和崇高，寫未婚女子和有家室的中年教授之間純潔的愛戀，以及中年教授對愛的克制和矛盾；寫喪妻的青年遇上因空襲而喪失記憶的少婦，後來在一次試放警報中，少婦突然又恢復記憶離他而去；寫純潔的少女因爲愛的偏執溺死在深潭之中……。

可以說，他的壓抑、他的浪漫、他對純潔愛的嚮往，都在這時候賁張流竄。他開始有機會接到各地方的邀稿，一些以前遭退的稿子多半也都找到了發表的歸宿，可是，他並沒有因此就快樂起來。

像他每一個人生階段的遲疑痛楚，在攤開稿紙的瞬間，他仍然充滿了困惑、充滿了矛盾，心裡飽漲著辨識不清的慾望與挫折，最初，「爲了練中文」而寫；然後「快樂」地寫、「不爲什麼」地寫；後來在退稿的痛苦中「爲了發表」在寫；在不堪回首的往事中，「爲了見證和控訴」而寫……，然後，練中文不再是難題，發表不再是難題，在一連串的見證和控訴之後，人生也沒有因此就能圓滿而卸下負擔。

像他的小說裡每一個不斷思索、猶疑著的主角，鍾肇政還是不斷在丟出問號，到底，我活著是爲了什麼？我這樣寫，究竟爲了什麼？

生命主題

也許，短篇所能夠表達的時空都是破碎的，鍾肇政再不能像初初碰觸字紙時那樣，不爲什麼地歡喜去寫、瘋狂去寫，所有的精力完全移轉到長篇創作上面，刻意深入而完整地袒露人生剖面，而他抱持在心胸中的理想長篇，《濁流三部曲》只是其中一個重要片斷，但也還祇是片斷而已，總覺得還有什麼在胸臆裡擱著撞著晃漾著。

究竟是什麼樣的主題呢？他還不能確切抓住，只是確定，確定它存在著。如果說，每一個作家都有他的「生命主題」，鍾肇政的人生功課就是要拼命找出自己的「生命主題」來。在它具體化以前，只能模糊地存在胸中，儘管不能捕捉，卻可以確實感覺，而且，每次一感覺到它存在，就會爲那模糊一團的東西輕顫，那是靈魂的輕顫，也是血液的輕顫，那種「無限大」，使他害怕，也使他爲之驚心動魄。

這種輕顫，這種驚心動魄，其實在鍾肇政完成《迎向黎明的人們》前已經出現過，寫《魯冰花》、《濁流》前也有過，只是這次來得格外強勁，也格外龐大。他不敢說出來，也說不清楚，身邊更沒有人可以一起討論、一起分享，但是，他又那麼害怕，完全不知道如何應付，只能埋進文字裡，用更多不同的題材來磨練自己。

他先把眼光投在活生生的周遭，陸續寫下《大壩》、《大圳》這兩部取材於現實的長篇，以石門水庫的建築爲背景，從山谷與溪流的開發，以及開發過程中無可阻遏的變遷，強調舊的一切不得不被新的所取代；以山村的民生實驗區及大圳爲題材，呈現台灣農村社會初期的蛻變⋯⋯

鍾肇政在石門水庫

……。

這個從第一印象就牢牢印下「老鷹眼睛」的創作者，也像一隻孤獨的鷹，只能自己摸索，自己高飛，自己承受煎熬。

命運的星空，卻在他不能預知的變動裡，爲他鋪陳出繁複的星亮。從《魯冰花》開始，接連寫成《濁流三部曲》等長篇，不但順利發表，而且還得到讀者的熱烈反應，經常有讀者的信由報社轉來，也結識了更多文學上的新朋友。

《濁流》連載期間，前輩作家吳濁流寫了封信給鍾肇政：「這篇小說怎麼會用我的名字做篇名呢？好奇地看起來，這才知道是本省籍青年寫的，於是便給你寫信了。」

過了不久，他們在通信中得知同時被國民黨黨部以社會人士身份邀約參與座談，約定在那個座談會場上見面。座談會由誰主持、內容如何、參加者有誰，早就忘記了，但卻一直記得，簽到後領到「名牌」佩在胸口，靠著那紙名牌彼此相認。

而後，因爲吳濁流往返於台北住處和新埔鎮大茅埔的老家之間，都會順路經過龍潭來看他，他們很快熟稔起來，任何時候都有說不完的話題，無盡接收的驚喜，鍾肇政對日據時代的台灣文學知道得不多，吳濁流對當前活躍於文壇上的台灣作家所知有限，相互在塡補彼此的不足。

吳濁流送給鍾肇政過去寫的《黎明前的台灣》（日文版），以及自費刊印的新書《亞細亞的孤兒》、《濁流千草集》、《瘡疤集》，有意對過去的文學綜合整理，並且一次又一次向鍾肇政描摹著「辦一份文學雜誌」的人生願景，一方面想聽聽不同的意見，一方面要他一起想個刊名。

鍾肇政一直是個堅決的「台灣文學主義者」，當然憑著直覺提出《台灣文學》的想法。吳濁流有點意外，同時也似乎毫不意外地笑了笑，表示「台灣」兩字恐有不妥，這兩個字太敏感，申請出去，恐怕不會被核准，鍾肇政仍然堅持著，在台灣爲台灣文學而辦的雜誌，捨「台灣文學」四個字，還有更恰當更妥切的嗎？

其實，這四個字原就最符合吳濁流原意，他把社會上只要冠以「台灣什麼、什麼」都不可以的蠻橫、顢頇作風痛罵一頓後，末了還表示就照這意思吧。而後，吳濁流徵詢更多朋友的意見，一九六四年四月，《台灣文藝》正式創刊問世，戰後台灣文學，從此開創了一個新的時代，除了眞正擁有一份屬於「我們自己」的文學雜誌之外，同時也因爲可以呈現實驗性作品，解決了許多作家發表的問題。

《台灣文藝》的旗手

文學的河總是這樣滾滾滔滔地往前奔去，不同的時空、不同的嘗試和挖掘總是在相互拉鋸影響。現代主義在台灣萌芽以後，鍾肇政寫過許多意識流作品，到處碰壁，沒有任何發表機會。直到《台灣文藝》創刊後，吳濁流要求他至少隔期要交一篇小說，他開始將土俗與現代結合，嘗試種種不同題材、不同手法，儘管寫得吃力、艱難，卻頗有斬獲，發表了許多實驗性的作品。

這是他創作花園裡的繁華花季。

《輪迴》一書收入一九五八年到一九六一年間的短篇小說，其中「輪迴」探討了生與死的神秘境界，頗有幾分佛教的意識倫理，以古老的民族傳統性的祭典場面爲背景，挖掘人的異常的深層心理，捕捉戰爭後遺症傷害人性的夢幻般心路歷程，把垂死的老農夫和家人們的動態與心理，刻劃得無微不至，巧妙的是，老農夫將死，而他的第一個孫子恰好在同一時間內誕生，讓我們分外覺得，鍾肇政很少說話，可是，他的文字，會自己迸發千言萬語。

《大肚山風雲》的短篇小說，統合在太平洋戰爭末期臺籍學徒兵悲慘的軍營生活，苛酷的軍紀、折磨人的勞動以及飢餓，使這些學徒兵逐漸從軍國主義的噩夢中醒過來，可以說，這本短篇小說集也是臺灣歷史上的重要證言之一，頗富有文獻性的價值。

他的短篇小說，嘗試著省籍作家作品的三大路線——鄉土、抗日、心理分析，呈現了他的多樣面貌，以變化多端的筆致和嚴肅的態度來解剖人生的橫切面，每一篇作品都有他對生命本質強烈的感觸和執拗的追求。看起來，鍾肇政表現得這樣年輕炫亮，可是，他從來不能光靠著一個人起舞就可以滿足。

在文學的天空裡，他好像看見了平凡的我們很少注意到的滿天星光。

一九六五年，台灣光復慶祝二十週年，鍾肇政開始思考，這麼多新生一代作家嶄露頭角，眞應該做個台灣文學的總體性展示，他把目標設定十冊，定名爲《台灣文學叢書》，認眞和吳濁流商量，原以爲他的有錢朋友那麼多，籌一筆款子來印行這套有意義的書，應該不會太困難，沒想到，他覺得沒人禁得起這樣的賠損，應該不可能會成功。

因爲這樣就放棄了嗎？好像，他從來不懂得什麼叫「輕易放棄」。鍾肇政換了新目標，找到當時執文壇牛耳的「文壇社」，得到同意印行這十本書，不過套書名稱須改成《本省籍作家作品選集》。

他怎麼願意讓這些台灣作家的努力被矮化成地方文學呢？可是，像任何一次面對磨難與衝突，他還是忍了下來。名號是虛幻的表相，只要這些台灣作家作品能夠出版、能夠展示、能夠被更多人閱讀就好，壓下憤怒和委屈，他好像聽見了心裡一列台灣作家的筆耕隊伍，堂堂出陣，不會再有歌功頌德，不會再有反共、戰鬥那一類八股文章與御用文學。

進行這套叢書編輯同時，他又覺得有幾位作家，作品的質與量都相當可觀，出本個人集子綽綽有餘。他曾經深深為鍾理和到死還未能看到自己任何一本著作行世而遺憾，如今，台灣作家這麼多，有幾個出過作品集呢？

鍾肇政比誰都知道，一個寫作者是多麼熱切希望能出自己的集子。光復二十周年確實是個機會，何不另外再找一處，出版另外一套每人一冊個人作品集的台灣文學叢書呢？他說服了曾經非常欣賞他的《魯冰花》的幼獅文藝負責人朱橋，同意這個計畫，而叢書名稱也同樣做了妥協，變成十冊《台灣省青年文學叢書》。

一九六五年秋，這兩套叢書，在他獨力編輯、爭取下順利問世，列名的作家詩人達一百七十餘位之多，幾乎網羅了所有當時已經嶄露頭角的寫作者，這是光復後台灣文學的第一季豐收，也是台灣文學有史以來第一次大規模的集體展示。

從渾沌到清明

那眞是一段剪接無暇的忙亂日子。他拼命地看從各方寄來的稿子，也拼命地寫信與作家們聯絡。就像幾年前辦《文友通訊》那樣，只想著替大家做一點事，希望大夥能緊密地集聚在一起，培養一種和創作、和土地在一起的連帶感——他取了個名稱：伙伴意識。

他總是把事情想得那麼單純，絲毫沒有警覺性。無論是通信或發消息，習慣把原來取名《台灣文學叢書》這一套書簡縮成「台叢」，透過各種媒體，非常努力地推廣與宣傳，不但凸顯了「台灣文學」的意義，並且向當時認定「台灣作家必須再過二十年才有成績」的文壇，心有不甘的鍾肇政，十分驕傲地展示這一套自有台灣文學以來第一次成績總結。

他一點也沒有想到，他苦苦編輯這兩套叢書的一九六四年，正是島內台獨案如彭明敏案等相繼發生的年份，他的「台叢」被聯想與台獨有關，是極自然的事，從此他就被列入黑名單，暗中受到調查與監視。一九六八年，因爲六四年和彭明敏共同發表「台獨宣言草案」，入獄的魏廷朝假釋回到桃園，他還沒向假釋官報到就先來找鍾肇政，善意地警告他，現在，鍾肇政在牢裡比牢外更有名氣，正受到嚴密的調查和注意。

然而，他沒地方查詢眞相，也不懂得如何查，只是在內心裡有一份難以排遣的恐懼，必須強迫自己，一遍又一遍在心裡強化信念，一個純粹的文學工作者，應該無所畏懼，隨時準備接受約談，準備跟那些莫名其妙的傢伙論辯一番。

他的朋友，一個一個因爲他或他的所作所爲被約談。他一路走得戰戰兢兢，卻始終沒有眞正遭受約談或強迫，只有替鍾肇政出版了第二套叢書的朱橋，忽然向他表示，救國團希望他過去工作，問他是不是願意離開鄉下，到台北去換換環境？總比躲在鄉下當一名小學教師好多了，他自知不可能上台北，婉辭了這個提議。

怎麼也沒想到，朱橋居然表示，不上台北也可以，他可以安排鍾肇政仍然在服務的學校掛名，不用上班，薪水照領，便能擺脫繁重的工作，安心寫小說。他嚇了一跳，哪有這麼好的台

和楊逵在東海花園

灣啊?這一來，他不就成了在自己作品裡最不喜歡的那種「特權人物」了嗎?他急急表示，工作雖然忙碌，但還可以應付，暇時照樣可以有許多作品寫出來。

雖然拒絕了這些引誘，他還是驚驚疑疑地害怕著。有一天，和他通過很多信的楊逵，特意到龍潭來爲了叢書裡採刊了他幾篇作品而道謝，說他出獄後，許多朋友都很「怕」他，敢用他的作品，需要很大的勇氣。

鍾肇政當然很意外，他有時候很敏銳，可以捕捉到文學星空上的每一線星光，但也因爲這樣，幾乎把所有的感覺接收線都用光了，有時候在生活上就顯得很駑鈍，政治、人情、權力、性、引誘……，他每每在事過境遷之後才恍然。

生活在那樣高壓、恐怖的氣氛底下，一方面不想增加朋友困擾，一方面深怕他那溫熱而毫無保留的感情會在現實生活裡遭到拒絕或背叛，慢慢地，倒也發展出他自己的生活邏輯。很少向朋友傾訴，很少尋求外援，鍾肇政常常在危疑邊緣，戰戰兢兢地測試著可能完成的限度，把每一件事情都當做「不可能的任務」，在「失敗了是自然的事」這樣的底線裡，一個人，安靜地嘗試所有在腦海裡渴望過、規劃過的夢想。

因爲一直不太樂觀，所以，一點點回收就可以帶給他巨大的快樂。第一次和楊逵見面，兩個素樸的人熱烈地交換著生活經驗，他們在創作上都有所堅持，但從不自傲，楊逵說他已經和文壇社談妥條件，準備環島旅行，推銷《台灣省籍作家作品選集》，每到一個地方，只要有一個人買，車費就有了，食宿當然免費叨擾，鍾肇政聽得忍不住笑，這就是台灣作家，在最艱難的環境還能夠興高采烈地活著。

生活看起來毫無出口，只能靠這些小小的滿足和喜悅來粧點顏色。兩套被視爲「癡人說夢」的叢書順利出版，吳濁流開始覺得鍾肇政這「小個兒」的工作效率好像不壞，自然就計畫把《台灣文藝》的小說編務交給他負責，詩稿再另聘專人。

鍾肇政一直沒有計畫地忙忙碌碌著，時間非常有限，可是，他尊敬吳濁流，加上編書時手上留下現成的台灣作家名單，幾乎可以說凡是已經出道的，彼此都有聯絡，因此邀稿方面胸有成竹，所以毫不猶疑地答應下來。這個口頭承諾直到一九七六年吳濁流逝世爲止，儘管負責詩稿的人不斷更易，十一年間的小說花園，一直就由鍾肇政一個人在經營灌溉。

不得不長大

因爲《台灣文藝》，鍾肇政不得不在瞬間成長、成熟。

「彰化青年師範」時期，他依賴沈英凱；《文友通訊》時期，他自認爲是其中最平凡的；寫作以後，他信任林海音、信任吳濁流、信任文學的大旗會在一個又一個年輕耀眼的名字底下震震前行。

可是，從接下《台灣文藝》編務以後，他必須強迫自己「變老」，沒有依賴的空間，沒有退卻的藉口，他壓下生命裡始終長不大的夢想和荏弱，戰戰兢兢，負載著根本無法透露出來的心理壓力，小心地反覆讀著稿子，萬一他漏看了幾行、幾個字，一定會拖累吳濁流，而且一出事必定是嚴重的後果。

他這樣戒愼小心地開始他的「老編生涯」，其實也就是他的「寫信生涯」。請老友限期供稿，需要寫信；請新朋友寫小說，也要寫信；對一些來稿，有了改進意見什麼的，當然還是要寫信；主動來信談點什麼的，或者有關寫作方面寫信來「討教」的，更非一一作覆不可。寫信成爲日常工作，當然也變成了習慣。鍾肇政喜歡書法，一手好字清影起舞，個性又多情善感，在信裡與很多作者建立了深厚的情誼，初時效果不錯，總有充裕的稿子可供選擇。

但日子一久，雜誌的銷量打不開，財務經營困難，《台灣文藝》很快就因爲經費短缺而改爲季刊，社會功利色彩越來越明顯，又有那麼多副刊供初學者輕易獲取稿酬，沒有稿酬的《台灣文藝》稿源不繼，他所期待的「新而帶有實驗性」的作品不多，不少人還把別人不要的稿子寄投過來，讓他越覺得自己像個「拾荒者」，但也在這樣的過程中發現，一個編者，「拾荒」才是他最大的本事，毫不媚俗地挖掘到別人看不到的作品光華，其實就是他最崇高的使命。

吳濁流在經營雜誌業務中常常氣憤地開口大罵。罵那些「看也不肯多看一下人家誠誠懇懇送去的新雜誌」的所謂文化人；罵那些當今最賺錢的醫生，絕大多數是一毛不拔的吝嗇鬼；罵一家大公司的大老闆，名義上是《台文》的特別贊助人，每次去收款，總會給底下的辦事人員擋駕，不是說老闆不在，便說在開會。

「欺負台灣人的，都是台灣人！」他反覆憤慨著，一次又一次痛心地向鍾肇政抱怨。想像著一個年近七旬的老人，腋下挾著一包書，爲了送往書店或者受贈者，那樣在台北街頭踽踽而行，他不能不爲老人的滿腔孤憤而血脈賁張，更害怕去面對台灣文學的前途。

爲了解決銷路和稿源的問題，吳濁流想了個辦法，辦文學獎。有了獎，不但可鼓勵投稿，對培養作家也有積極意義。鍾肇政想到另外一層意義，這雖然是《台灣文藝》的獎，卻同時也應該是台灣文學的獎，必須賦予更大的意義才對，於是提議：名稱就叫「台灣文學獎」吧！

他開始替吳濁流擬定「台灣文學獎」設獎辦法。一九六五年，《台灣文藝》第六期上做了一個「台灣文學獎」特輯，讓評審委員們寫點感想，鍾肇政這樣記錄著他對台灣文學獎的期許：

它，首先應該是新的；
它，其次應該是台灣的。
他，首先應該無愧於台灣文學的；
他，其次應該是潛力雄厚的

「台灣文學獎」頒了四屆。每年春天評選，四月周年慶時頒獎，但是各評委出席評選會的情形並不踴躍。有的路遠，有的因爲年老體衰，吳濁流很快察覺到老先生們不太可靠，常常抱怨他們這一批人「老而無用」，實際工作沒辦法做，開大會時上台說起話來卻總是沒完沒了，而且愛提當年勇等等，於是，從第二屆起，評委大換血，除了留下林海音與鍾肇政，其餘全部換成新進作家，開起評會，充滿活力，討論情形一次比一次激烈。

到了一九六九年七月，在鍾肇政的極力主張下，「台灣文學獎」改爲

吳濁流（前排左三）率《台文》作者群來替鍾肇政（前排中）過五十一歲生日

和老友葉石濤合影

「吳濁流文學獎」，同時成立文學獎基金會。

台北「成立典禮」拍紀念照時，吳濁流硬把鍾肇政拉到前排中間落座，在多位老前輩前，鍾肇政如坐針氈，可是，面對著吳濁流的慎重囑託，讓他不得不迅速長大，所有的忐忑恐慌，只能擱在心裡，而後每年頒獎都由他主持，拍照時也一樣排序，記不得過了多少年，他才能夠不動聲色坐在那個位子讓大家拍團體照。

台灣人的塑像

寫信和編輯《台灣文藝》的繁重「外務」，剝奪了鍾肇政寫小說的大部分時間，然而，這工作卻讓他更感受到在「台灣文學」旗號下的一種使命感，讓他不得不常常想到台灣文學的過去、現在和未來。

這就是台灣人的命運。

在這種心情下，長久盤踞在他胸臆中的「生命主題」慢慢就浮凸出明顯的輪廓。究竟，身爲台灣人，在此時此刻的台灣，我們經歷了什麼？完成了什麼？究竟我們是怎麼活過來的？我們的悲哀和痛苦，我們的飄零和執著，我們的位子到底在哪裡呢？光復二十周年了，行年屆滿四十，這倉倉促促的四十年間，光復前他做了二十年「大日本帝國臣民」，光復後成了中華民國國民，也滿二十年。

可是，與日本是斷絕了，大陸卻始終在遙遠的地方，他不是一直只是個台灣人嗎？可是，爲什麼沒有任何一種聲音曾經說出，我們都是台灣人呢？他忽然那麼確定，下一部著作，必須要命名爲《台灣人》。

也許這不過是個可笑的書名，但當他這麼決定的時候，他又開始輕顫了。整個構思的階段，鍾肇政都能感覺到那種靈魂的顫慄，攤開稿紙，日據五十年間台灣人的遭遇傾瀉而下，他的出生地「九座寮」浮上小說舞台，以陸氏家族在寒村生根萌芽，終於成爲地方上首屈一指的豪族，用這種向上勤奮的精神代表當時台灣人那種不屈不撓的民族性格，正當日本侵略者像一股潮流席捲而來的時候，他們立刻就投入這時代的潮流之中了，不得不集中全力和侵略者搏鬥，以保全他們的田產和生命，展開了一股悲慘雄壯而可歌可泣的抗日英勇事蹟。

這部書名叫《台灣人》，預定繼續這個主題寫下去，將來全部寫完，總名就叫《台灣人三部曲》。在他筆下，那麼自然澎湃地展現了一個廣闊的天地，書寫《大壩》、《大圳》時那種來自現實的窒息與掣肘，完全隨風而去。

那一段全力投入的寫作歲月，任何時候想起來，仍然光燦燦地。他依然在小學教書，爲了《台灣文藝》的編務，還得經常和識與不識的朋友通信，對陌生寫作者的來稿，也盡可能用書信來表達意見，但任何時候得了時間，還是可以把小說接下去，活得熱烈，寫得也痛快淋漓，常以「一個人做三個人的工作」自許、自勉。

恰巧那時，停刊多時的《公論報》要復刊，請他提供連載小說，他就交出正在執筆中的這部作品的首批稿子。正式復刊前的試版出來，卻因爲副刊上這篇〈台灣人〉而突受干擾，原稿被帶走，復刊也被迫延後。

幸好稿子沒有什麼「問題」，近一年過去，還是被他要回原稿。

次年，《台灣日報》改組來索長稿，他又交出這份稿件，刊出時，題目不再能夠堂皇標出「台灣人」，只能不嫌囉唆地改爲《台灣人三部曲第一部——沉淪》，總算不再遭受無謂的麻煩。《沉淪》在《臺灣日報》連載期間，頗受重視，獲得嘉新文學獎，後來又由鍾肇政本人改編爲電視劇「黃帝子孫」在台視頻道播出。

看起來非常風光，可是，鍾肇政創作第一部時那種沛然不可遏止的熱情，一點一滴，就被發表過程中的困頓流離澆熄。

根據第一部裡預爲伏下的線計畫繼續撰寫《台灣人三部曲》第二部、第三部時，如果完全按照預定，一定會有不少「敏感問題」無法解決。他因爲早先籌組《文友通訊》時已經被密切注意，作品中又不時流露出批判性，一九六四年，台灣剛因爲彭明敏案颳起「政治風暴」，同

活得越來越生動的鍾肇政

年，鍾肇政又剛好發表《台灣人三部曲》第一部，並且因爲編書標舉出「台叢」這兩個敏感的字眼，加上《台灣文藝》過程中爭議、查禁，風波不斷，居然被立法院一些資深老立委們把他和高玉樹、陶百川並列爲國內「台獨三巨頭」，他確實很難再去挑戰禁忌。

做爲一個寫作者卻必須戒愼驚怖地自我設限，使他深覺「處處陷阱」「危機四伏」。提起筆，他開始不由自主地沉入《插天山之歌》的經營佈置，表面上寫的是日本人追捕男主角，其實也是在吐露國民黨正一步一步地追捕著鍾肇政的風聲鶴唳。他一直感受到國民黨的威脅，心裡一直在逃逃逃，《插天山之歌》只是一個單純的逃亡故事，主角的逃亡，其實也就是作者的逃亡。

有人說，整部《插天山之歌》，主角就是逃逃逃，什麼事也沒做，唯一的「貢獻」就是「把女主角的肚子搞大了！」

對於這樣苛刻的評論，鍾肇政很少去辯駁。然而，有一些對於台灣人的堅持和期待，還是在文字裡透露出來。從第一個想要台灣獨立的郭懷一被親弟弟出賣開始，台灣這四百年的興亡裡，不知道經歷過多少次背叛和痛楚，可是，《插天山之歌》的逃亡過程，時空牽涉何其寬闊，居然，沒有任何一個懦夫、沒有任何一樁背叛，這是鍾肇政對於「台灣人」最動人的塑像。

《插天山之歌》的寫作，原是在記錄鍾肇政心裡的掙扎與恐懼，作品完成以後，他才發現，《插天山之歌》的時空安排剛好和預定中的《台灣人三部曲》的第三部重疊，索性就把《插天山之歌》當作《台灣人三部曲》中的第三部。既然第三部已經「算」完成了，許許多多第一部佈下的線，其實並沒有合理地後續發展或解決，那麼，第二部也不再那麼嚴謹地要求佈線和銜接，這種因為時局傾壓偪迫，使得《台灣人三部曲》不得不顛倒寫作順序、放棄安排預定，讓第一部佈下的線全部斷裂的結果，成為鍾肇政一輩子的遺憾。

一九七五年，最後執筆的第二部《滄溟行》總算完成，算算日子，從第一部的寫作開始，竟已經過十年以上的歲月。

用創作代替日記

四十以後，日子再不像年輕時那樣，一天一天計算。好像，一眨眼就是十年、十年過去。

鍾肇政的生命舞台開始隨時會竄進一本又一本書，擁擠地爭著要做他人生裡的主角。

累積他生命重量的，最重要的當然還是長篇小說。《馬黑坡風雲》、《綠色大地》、《八角塔下》相繼完成；用《青春行》記錄他最難忘的愛戀。

他還嘗試過《台灣高山故事新編》；同時把台灣民間故事新編分成《靈潭恨》、《大龍峒的嗚咽》兩冊出版。結集短篇小說《大肚山風雲》，描寫純潔的年輕人在戰亂中的愛與死，藉著書中人物，提出鍾肇政的堅持和嚮往：「我相信我有勇氣活下去，雖然這個時代並不十分值得我們活下去。太黑暗了，沒有前途，沒有光明，……甚至連愛一個人都不能自由……」

好像還嫌自己忙得不夠似地，一得了機會，就不忘又編又譯，致力在擴展台灣的文學版圖。他的生命幅度眞的很廣，主編《蘭開文叢》十八冊，迎接文學史上新生的名字；與忘年交張良澤合譯三島由紀夫的《金閣寺》，帶給他文字與感情上的雙重滿足。

編譯《戰後日本短篇小說選》、《世界文壇新作家》、《西洋文學欣賞》、《希臘神話》、《名片的故事》、《名著的故事》、《名曲的故事——偉大音樂家的故事與名曲欣賞》、史懷哲的《非洲故事》、《史懷哲傳》、《中國古典名著精華》，提供不同的視野做爲創作上的營養，希望爲貧薄的台灣文壇種植更多的可能。

翻譯，是他另一種無人可以替代的才華。《夫妻之道》、《歌德自傳》，伊撒耶．班達桑的《日本人與猶太人》，三島由紀夫的《太陽與鐵》，安部公房的《燃燒的地圖》、《箱子裡的男人》，白石浩一的《幽默心理學》、《高中生心理學》，井上靖的《冰壁》，伊藤勝彥的《愛的思想史》，瑪麗．史托普的《結婚之愛》，瑪文．杜凱耶的《日本人的衰亡》，宋敏槁的《朝鮮的

很「帥」的鍾肇政

抗日文學》，英國史家H．G．威爾斯的《文明的故事》。

人生，如果可以忙忙碌碌過完就算了，可是，他又不能。他常常用嚴苛的眼光審視自己約四分之一世紀的創作，這些文字，幾乎等於他的日記。

如果以台灣光復為一個明顯分界，那麼他的取材也可以分成光復前與光復後這兩大類。從當時完成的十三部長篇小說中，光復前的描寫有七部，取材於光復後的現實有六部，數量上勉強平分秋色，但在眾多寫作者中，好像只有他這種年齡以上的人，才能眞正懂得日本、懂得日本人，寫起日據時代，自然入木三分，所以日據時代為背景的作品較被重視，也許也可以說寫得更好，一旦回到現實取材，心裡先就設下了個無限期無邊域的無形警總，禁忌特別多，許多事都不敢等閒落筆。

不過，從少年青少年到成年的鍾肇政，一直處在戰爭時期，最熟悉那個時代的殺伐之風與日本人的虛無暴躁兇惡，以及裸露的民族仇恨，心裡總覺得自己日據時代的東西寫得太多了，對日據時代的寫作題材，不自覺萌生了一份厭惡。

這時剛好有一家報紙副刊邀他寫廖添丁。他自覺無法寫，也不喜歡這種人物，便改以作曲家「鄧雨賢」為主題人物。鄧雨賢出身龍潭同鄉，好久以來他就想好好記錄下他的故事，然而一旦立意要寫，又因為再一次面對日據時代的人物，心裡充滿了拉鋸和矛盾，他還是決定認眞去寫，因為再厭惡，日據時代還是歷史事實，他自許著的「生命主題」，就是不計個人情緒、痛楚或創痛，奮力去做歷史的見證。

偏偏後來又必須去記錄抗日名將姜紹祖，這也是廣義的鄉親，感覺上一定要為他留下一鱗牛爪，一邊寫又一邊覺得厭煩，連帶地對過去的作品，也產生了嫌厭。

他著急地想著如何為自己開拓一番新境。

剛好在這樣的創作瓶頸裡，吳濁流一如往常到龍潭來看他，閒聊中他突然提起，想寫二二八。吳老認為，二二八是台灣歷史上的大事，絕對應該寫下來，可是當時的目擊者已日漸凋零，再不形諸筆墨，以後可能不會有人寫了。

他一聽，大為驚駭。二二八誠然值得寫、必須寫，可是它是敏感中的敏感、禁忌中的禁忌，寫二二八，豈不是拿自己的生命來開玩笑？

第六章　繁華高原

想想二十歲的我們，
能夠自由選擇的時候當然比現在少多了，
那時候，青春的我們多麼容易笑。
和過去的年代比起來、和年輕的我們比起來，我們現在，
話不需要忍著不說，夢想不需要輕易放棄，生活不需要任著別人決定，
這樣的我們，多麼幸福！

禁忌中的禁忌

吳濁流鄭重地向鍾肇政宣告，想寫二二八，而且一定要發表，如果再像《亞細亞孤兒》那樣，寫好藏起來等異日才發表，那就沒意思了。

寫二二八還能保有生命安全，哪有這麼好的台灣？鍾肇政一直覺得，他雖然說得一本正經，但說不定也只是說說夢想而已，沒想到，吳老眞的開始著手長篇小說《無花果》。

因爲年紀大了才學中文，吳濁流只能用中文寫短文和短篇，數量不多，長篇作品還是非用日文不可，小說《路迢迢》還得靠鍾肇政替他譯成中文。鍾肇政在忙碌中苦苦工作，最害怕加上這些義務翻譯的苦工，可是，當吳濁流把《無花果》的日文稿子交來的時候，他還是乖乖承擔下翻譯工作。《無花果》全書十一萬餘字，前面七萬字寫日據時期，後面約四萬字才寫到戰後，二二八部分僅佔末尾萬餘字，佔不到全書十分之一，打散在《台灣文藝》連載時，也許是因爲雜誌發行不廣，銷路奇慘，看的人寥寥可數，居然風平浪靜，但在吳濁流自費印成單行本時卻很快被查禁。

吳濁流並沒有因此就受挫氣餒，五、六年後，他又補足了《無花果》缺漏的二二八部分寫了篇新稿《台灣連翹》。因爲在那樣恐慌的政治氣氛裡，暫時還不能發表，只能把稿子先託給鍾肇政。鍾肇政仍然害怕翻譯，但也可以想像到他四處找人翻譯的艱難與痛苦，心想反正目前還不需要譯，沒什麼好擔心，就先接下這份影印的稿子，一百幾十張，描寫戰後台灣社會的動盪。

「好好地藏起來吧。」吳濁流說這話時，表情那麼嚴肅，還透露著一抹無奈與苦澀。瞬間，恐怖感閃過鍾肇政胸臆，還記得白色恐怖時期，為了藏幾本「陷匪」作家的書而苦思焦慮，不忍燒掉、卻又無處藏，最後決定藏在衣櫥頂部裡層的空隙後，卻老是拂不去被查獲槍斃的懼怖場景。

二二八！他又寫二二八！

鍾肇政一時驚駭住，稿子放在這裡，萬一被查獲呢？這種無時無地不驚惶的恐怖，在鍾肇政閱讀那些文字時，奇異地沉靜下來。吳濁流出身新聞記者的銳敏觀察和文學眼光，把二二八前後寫眞呈現，讓他忍不住檢查起自己那段懵懂歲月，竟覺得不可思議，自己怎麼可以因為聽覺障礙，自顧自躲在學校裡痛苦焦灼，以為交了個女友，可以為小小的哀喜起伏著，就是人生的全部，完全置身於那一場驚天動地的衝突屠殺之外。

這部《台灣連翹》，不但為台灣文學豎立了一座輝煌巍峨的里程碑，留下第一部二二八的記錄，同時，也硬生生把鍾肇政從安全的小鎮裡拖出來，把他拋擲在蒼茫的歷史荒原上，讓他不得不一個人去面對那種無邊的寒漠和荒涼，讓他一輩子，把二二八的創痛，背負在心口上。

日子還是在恐慌擺盪中，無聲無息過去。教書，寫信，看稿，編輯……。一九七五年，他接任東吳大學教席，教授日文翻譯，得了機會與高文化階層的日本人接觸，第一次，徹底檢查從年輕時根深柢固種植著的對日本人的偏見，總算對不同類型的、尤其戰後的日本人有了較具體的認識。

就在他一點一滴成熟的過程中，一九七六年十月，吳濁流忽然過世了。

來不及考慮到《台灣連翹》的翻譯與出版，《台灣文藝》的存續成了迫在眼前的難題。吳濁流遺言表示，雜誌能辦則辦，否則停刊，不過希望「吳濁流文學獎」能繼續辦下去。

幾個奮力在經營台灣文學的老朋友聚議幾次，總覺得吳濁流獨力維持十三年整的這份純文學本土雜誌，不應輕言廢棄，於是眾議推舉鍾肇政接辦。在大家合力承擔的許諾下，鍾肇政接下《台灣文藝》重責，從一九七七年起，以「革新版」的姿態重新出發。

快樂廚房

在鍾肇政的策劃執行下，《台灣文藝》推出革新版，提高創作水準，加強雜誌內容；增加評論文字，提倡批評風氣；以作家專輯形態每期選一位作家，鍾理和、七等生、鄭清文、葉石濤、季季……，從各角度檢討其作品得失；另以座談方式討論作家作品；增加其他藝術範疇的文字，如電影、美術、音樂等都適度的接觸。

他們開始重視宣傳推廣，擴展業務範圍，爲了爭取學生訂戶，壓低到一年一百元，鍾肇政登高一呼，他在東吳的學生幾乎人手一冊，過去幾乎沒有的直接訂戶，一下子拉到七百餘位，成果斐然，在零售方面也盡力設法，使雜誌能擺到書攤上，他們爲了終於能發出微薄的稿費而欣喜若狂。

一九七七年春，革新號推出不久，當時如日中天的遠景出版社表示願意支持，這麼一來她更穩如泰山了。

和《浪淘沙》作者東方白在露意湖畔

遠景接下後，書印得雖然精美，篇幅也增加到每期都有二百幾十到三百頁左右，可是銷路奇差，賠累不堪，僅兩年多，一九七九年冬，鍾肇政不得不接回來苦辦。這是《台灣文藝》改組後第一次傳出的「危機」，一時在海外喧騰甚廣，羈美鄉親許達然來函表示願意在北美各地代爲推廣，海外的接應，縱然實質上的幫助還不算多麼大，不過在心理上，無異是一記強心針。

此後許達然不知道爲《台灣文藝》付出多少努力，永遠成爲鍾肇政最感激的朋友之一。

七〇年代，當時社會風氣改變，政治社會事件風起雲湧，保釣運動、退出聯合國、台日斷交、蔣介石死亡、獨裁瓦解……等，對岸興起「回歸熱」，台灣則努力「回歸鄉土」，給台灣社會帶來一波波衝擊。鄉土文學的呼聲響徹雲霄，甚至引來打壓鄉土文學的「鄉土文學論戰」。在這樣不同以往的社會風氣下，沒想到，標榜鄉土文學的《台灣文藝》，在發行上依然困難重重，直接訂戶無法增加，且有期滿後不續訂的可悲情形發生。

鍾肇政起初還支付象徵性的稿酬，後來連這樣的稿酬也免了，從來沒有能力支付房租、水電、電話等雜支，人事費也因爲鍾肇政長子鍾延豪的投入，未曾花費分文。訂戶年年遞減，零售兩百份是「正常」，偶爾賣到三百本，父子倆便一起高呼萬歲。雖然接辦時設有「贊助戶」，請朋友資助，但他們始終覺得圈內朋友都窮，不宜一再相擾，只能試著各種方法，出版，門市……，希望能夠自力更生。

一九七八年夏，鍾肇政辭去教職，歷任小學、大學教師前後共三十二年，總算，從那時鐘般不斷緊絞住他的時間規律裡脫身。沒想到，更忙、更混亂、更緊密的時間陷阱，又好整以暇地，等在前方和他重疊。

他接下《民眾日報》副刊主任的工作，除了策劃「一大二小」的每天見報的副刊之外，還兼其中「大」副刊的主編職務。那是一個主任、三個主編、三個助理的大編制，有人開玩笑地說是「小報副刊，大報編制」，剛經歷「改組」、南遷到高雄的《民眾日報》，在威嚴體制下，處處限制束縛，各大小報紙的新聞報導千篇一律，只有靠副刊來一爭長短。

雖然副刊主任「職卑位低」，待遇也少得可憐，但是，對以「發展台灣文學」爲畢生職志的

鍾肇政在龍潭鄉間

鍾肇政來說，這麼大一塊園地，眞有如魚得水之樂，原先光一份《台灣文藝》，有時在篇幅的運用上不免捉襟見肘，總算，可以大膽起用新人，把大雜燴式的副刊常態，帶往純文學的境界，像個忙碌的廚師，快樂地奔跑在兩個空間、性能完全不同的廚房間，隨時調配著《台灣文藝》和民眾副刊的篇幅和特質，交互游離補強，靈活運用。

他在民眾副刊上安排每月一次的「對談評論」，請葉石濤與彭瑞金兩位評論家，以對談方式暢論一個月間所刊登的短篇小說，每次都有十到十二篇的作品被提到（這眞是可怕的數目，葉、彭兩位吃了多少苦，恐非外人所能想像），這種小說盛況，引起了拼命寫小說的風氣，李喬百萬字的《寒夜三部曲》就是這期間被他逼出來的，稍後又有東方白一百五十萬字的《浪淘沙》。

《浪淘沙》的抗爭精神，被認定「思想有問題」，由於小說以「乙未日軍侵台、台灣義軍起來抵抗」做素材，不能直接作爲理由，他們就以同期另一篇嚴厲批評政府的小說做查禁藉口，準備趁鍾肇政出國時動手。

純文學刊物也要查禁？天下還有這樣的道理嗎？鍾肇政立刻決定，一定要抗爭到底！如果眞有查禁令下來，馬上要提出控告。這種決心和抗爭，使得「查禁風波」無疾而終，台灣文學的大河小說，從此邁出了第一步，年輕新銳的作家更一個個冒出頭。

每個禮拜鍾肇政到台北副刊室去上班兩天，總會有一些年輕作家聚過來，和他一起暢談文學。看著這些新人個個意氣風發，埋首於「鄉土文學」，沒有獎金，稿費也低得不成對比，但他們總是樂此不疲。

他常常在心中偷偷想，台灣文學該靠這一批年輕人了，和擁有超高稿費和巨額獎金的台北兩大報文學獎對照，這些靠在他身邊的年輕作家，各自懷著使命感，自自然然展現一幅美麗的文學遠景。

因爲一直存在心中那股對自己的筆的嫌厭感，正好藉著忙碌停下那些固定的創作軌跡。一九七九年，鍾肇政開始更換另外一種視野，出版長篇小說《馬利科灣英雄傳》，以山地爲背景的原住民系列故事。

他的長篇小說《濁流三部曲》獲第二屆吳三連文藝獎，更值得欣喜的是，一直跟在他身邊的長子延豪，以短篇小說〈高潭村人物誌〉獲第二屆時報文學獎，又以短篇小說〈故事〉獲吳濁流文學獎，然後出版第一本短篇小說集《金排附》，受到文藝界廣泛的注意。

鍾肇政開心地想著，他們一家人都像曾祖父那樣，不是靠天份，而是靠努力。一般人寫小說，大概二十歲上下就已開始，他到二十七歲才發表第一篇作品；鍾延豪發表第一篇作品也剛好是二十七歲。次子鍾延威這年二十六歲，已有作品，但未發表，也許二十七歲會是他們一家人的里程碑。

一場《臺灣文藝》的接力跑

他這樣熱心熱腸地生活著，好像，生活裡他可以掌握的籌碼越來越多了。

張良澤對鍾理和故居情有獨鍾，總覺得是那破陋的房子孕育出鍾理和這樣的作家，常有「蓋紀念館」的想法，希望完成後的紀念館具有多方面的功能，陳列作者的手稿、著作，提供作家清幽的寫作環境，或文學活動的聚會場地。鍾肇政贊同這樣的夢想，覺得非常溫暖，開始串連起可能的資源。一九八〇年，為了配合美濃鍾理和紀念館破土典禮，他先在中國時報連載《原鄉人——鍾理和的故事》，做為李行導演拍攝「原鄉人」的電影故事，林鳳嬌演的鍾平妹賺人熱淚，連鍾肇政看了都大哭。

日子越來越忙碌，但他忙得興高采烈。唯一的壓力來自於各方的「溝通」，似乎這些小小努力，都被各方的關切包圍住了。可是，他還是在處理文學作品方面設法突破，慫恿出獄的陳映眞復出，採刊他出獄後的第一篇創作「夜行貨車」，發表陳若曦的「路口」，這兩篇作品先後獲吳濁流文學獎，證實他看小說的眼光獨到。

年輕作家從來不曾被長久以來的陰影籠罩過，在「初生之犢」的情形下寫來的含有若干過去被認爲「敏感問題」的作品，他都坦然發表。美麗島事件、軍法大審後，造成對台灣文學界的最大衝擊，施明正的監獄小說連連出現在《台灣文藝》上，其中「渴死者」奪獲吳濁流文學獎。

這種嘗試與突破，也許已經到了容忍邊緣。

一九八〇年，鍾肇政在報社裡的編輯權逐漸被剝奪，職務被架空，到了八一年，一紙社方命令，把他調爲撰述委員，要到高雄總社去上班。至此，他只好辭去工作，實際編輯副刊的期間未及兩年。民眾副刊闖出一番小小局面，可惜一成氣候便告瓦解。然而，他總對這家報紙抱有一份感念，至少近兩年間她容忍了他這個堪稱報界「異端」的文學界小人物。

這期間，鄉土文學論戰打得如火如荼，《台灣文藝》在眾多朋友的呵護下，極力保持純文學的面目，竭盡所能創作優秀的文學作品，提倡嚴肅的文學批評，培養新進作家，雖然高舉著鮮明的旗幟，火力卻內斂十足，深深隱藏在作品的實踐裡。除了繼續每年頒贈一次「吳濁流文學獎」的小說創作獎和新詩創作獎，有感於評論工作的重要，努力爭取設置「巫永福評論獎」，從一九八〇年春開始評選、頒贈。

鍾肇政一方面辛苦地撐持《台灣文藝》；一方面努力爭取在「鴻儒堂出版社」出版《吳濁流文學獎全集》和《台灣文藝文學獎全集》；另一方面，又不怕麻煩地以自己的「台灣文藝出版社」，重刊吳濁流手上十三年間共五十三期的《台灣文藝》。

因爲，吳濁流獨力支撐十三年的《台灣文藝》，由於行銷不廣，影響也僅及於少數對台灣文學的使命有所認識的人，創刊以來不過二十年，早期的、尤其吳老時代的舊刊早已散佚，然而，這是文學前輩滴滴血汗堆積而成的珍貴文學遺產，而後更受到普遍的肯定，鍾肇政與兒子鍾延豪，不知道花了多少心血，整理出八巨冊，近八千頁的《台灣文藝》重刊本，並編有完整目錄，爲研究光復後台灣文學發展史的人，提供了一份珍貴資料，並且也爲最敬重的前輩吳濁流留下不可抹滅的光熱，並且下定決心，告別出版工作這「苦海」。

他是個充滿夢想的「文學人」，好不容易有了個志同道合的兒子在身邊幫他，偏偏也不是「生意人」。在鍾延豪的規劃下，仍然充滿理想性地成立「泛台書店」，不只期望能夠有盈餘挹注《台灣文藝》，同時也希望成爲專業書店，舉凡與台灣有關的書籍都齊備，同時還成立出版社，希望做到同樣的專

長孫隆一週歲的全家福

業性質。

夢想和現實之間的距離，究竟有多遙遠呢？從結果來看，他們的期望也好、理想也好，到頭來全都落空了。不只是因爲社會功利、景氣衰迷，不只是因爲時運不濟，眞正的原因恐怕是他們沒有商業頭腦，不善經營，這樣日復一日背負著《台灣文藝》重擔，困頓到幾乎走不下去的地步。

後來，陳永興醫師願意支援，但堅持全面接辦《台灣文藝》。

也許，這說不定是個重新回到創作崗位的機會。鍾肇政雖然不捨，可是，實在太累太累了，接辦《台灣文藝》這六年間，大概是他大半輩子平靜生涯中，最波瀾起伏的日子。以前，即使在東吳大學任教，每個禮拜不過跑一兩趟，日常生活可以說都是在鄉間，不輕易外出。到報社上班後，生活情形完全改變，再也不能做個安安分分的鄉下人了，整個社會環境，先有鄉土文學論戰，繼之有美麗島事件、軍法大審，都撞擊在他身邊，給台灣社

鍾肇政和孫女

會，尤其是台灣文學帶來莫大的衝擊。

一九八二年底，他交出六年來的辛勤，《台灣文藝》的接力賽跑，奔向一個他再也無力觸及的遠方。

繁華高原

交出六年來《台灣文藝》的棒子，鍾肇政蟄居鄉間，著手規畫《高山三部曲》的寫作，一連四次深入霧社各部落作田野調查及訪問山地故老。呼應早在一九七三年出版的山地故事《馬黑坡風雲》，以及後來的《馬利科灣英雄傳》，到目前為止，鍾肇政一直是創作過最多原住民故事的漢人小說家。

他從《高山三部曲》重新出發。第一部《川中島》和第二部《戰火》都寫得很快，描寫位於南投縣仁愛鄉北港溪畔「青山翠谷，夢幻般美麗謐靜的地方」，這裡也是五十年前霧社事件參加起義的六個山地村落劫後餘生的倖存者被強迫移徙聚居所在。有人說，「高山組曲」是「霧社事件」的史詩續誌，企圖還原台灣史上最被忽視、最為沉鬱的史實眞相，從而探索原住民在重重劫難中賴以生存的奧秘。

其實，鍾肇政從來就不是個貪心的人。起初，只是因為在山居生活中接收到善意，所有平地生活的壓抑和委屈，好像都可以在和原住民的素面相見、相熟、相親中，得到補償和救贖，後來，山地子民天生的率性自然，像陽光一樣，照亮他的陰暗，融化他的悲苦閉塞，回想到一

和妻漫步紐約街頭

應邀到美國演講的鍾肇政

些美麗女子對他毫不保留的情意吐露，那些充滿情色魅惑的語言、矯健燦爛的笑容，讓習慣以文字去採探人間、思索人性的鍾肇政，自然地把原住民題材融入他的小說。

計畫中的《高山三部曲》並沒有寫完，還有一部，因爲資料不全，加上涉及戰後台灣社會的大動亂，也因爲越深入去寫越感覺到其中深深的阻礙隔閡，始終不知道該如何下筆。

一九八三年，鍾肇政五十九歲。寵愛他的母親過世，他眞的退無可退地成爲一個「大人」。許多生命經驗經過反芻，再也不只是徬徨、掙扎與痛楚，他不再像年輕時那麼執著於日據時期的慘烈，反而，小時候住過、玩過、快樂過的大稻埕浮上心來，入秋後，爲了寫計畫中的《夕暮大稻埕》，幾次到台北大稻埕去採訪。

有一天，偶然在博物館裡看到卑南遺趾出土古物展，深受感動，像走過一條醫學用的時空走廊，劃開身體，把身體裡那小小的「見證大時代的不快樂的小人物」，放大，放大成「人類

在日本的鍾肇政

文明史裡的一顆不可或缺的小螺絲釘」。

《夕暮大稻埕》一完成，他就慎重地擬定具體的採訪和執筆計劃，預定前往台東卑南前，忽然接到赴美邀請，心裡也期望著到美國看看聽聽，寫寫海外生活，一時，只好暫時中斷卑南考古的題材。

一九八四年，應邀至美國訪問，前後兩趟，跑了東西部好幾個大城市，參觀、演講、座談，除了參加「北美台灣人教授協會」年會外，還參加「美東夏令營」、哥倫比亞大學有關台灣文學研究的學術性會議，還有旅美客屬團體的聚會，深受歡迎，並且到加拿大探望好友東方白，回程時再順道到日本看看那邊的幾位朋友，心情非常輕鬆，一邊演講也一邊學習，最讓他驚奇的是，外國圖書館中怎麼會蒐藏那麼多有關中國歷史、文學等問題的材料，以及他自己的著作？

這兩年間，他卸下了雜誌與報刊的編務，兒女皆已成家立業，更有兒子鍾延豪繼承衣缽，他含飴弄孫，輕鬆地專事寫作，久不見的朋友，都覺得他神采奕奕、精神飽滿，雖在文壇上長跑三十五年，說不定還要繼續寫下更驚人的紀錄。

他比年輕時多了太多的從容與自信，在寫作上再也不需要那麼挑剔自苦，隨興地，還應出版社要求改寫日本電視劇「阿信」爲小說，發表遊記「北美大陸．文學之旅」、「永恆的露意湖」等多篇。

更重要的是，他率眞地靠向自己的夢想，賴和醫生一獲平反重入忠烈祠，他立刻發表「爲賴和紀念館催生」；從一九七九年二月三日到一九九〇年十一月廿六日，給東方白寫了七十七封信，催生了一部一百五十萬言的《浪淘沙》；然後，他終於有機會根據原定計畫研究卑南文物，跑到台北找台大考古系宋文薰和連照美兩位教授，請教他們有關卑南遺址挖掘的經過；親自到台東做訪問，做田野調查；閱讀金關丈夫、國分直一的卑南報告。

他最喜歡《卑南平原》這部作品，好像約略可以把三千年來的台灣歷史，寫出山地人與漢人，日本人到了台灣以後，台灣西海岸許多閩南人與客家人也跑到東部，光復後又有新移民……這些沒有經過選擇的時代變貌，希望能夠爲那個可愛的地方留下一點什麼，而更要的是他內心有個希冀：把台灣人的原型塑造出來。

命運的壞牌

《卑南平原》完稿後，他想起旅美時林衡哲提起在美鄉親深受《無花果》的啓蒙時，忍不住提起猶在篋底長眠的那一大疊《台灣連翹》原稿，並且答應回國後即著手譯出。

就在自以爲生命最美好的地方，一直寵愛著鍾肇政的命運，卻狠心地丟出一張惡夢一樣的「壞牌」。一九八五年十二月，長子車禍亡故。他簡直，生機盡失，挨到一九八六年春間，總算稍稍恢復了些元氣，這一年恰好是吳濁流逝世十年忌，也是個值得紀念的年份，他心想著一定要讓這本書面世，忍著喪子之痛，敬守承諾，把全稿完整地譯出來。

醉心出版的鍾延豪，留下驚人的債務，傷心的鍾肇政，連「心灰意懶」的機會都沒有，雖然領了張壞牌，牌局還是得繼續。

爲了還債，此後兩年半間，他拚命翻譯，譯到眼睛因此搞壞，看書或寫稿，一次只能半小

忙碌，是對抗痛苦最有效的方式

時，再來眼力就難以爲繼，這樣辛苦拼命，譯了兩百五十萬字，所得也只夠付利息，一直到北二高開工，在房地產最低迷的時候，他賣掉龍潭的地、賣掉一棟中壢的房子，前後六年，才把債務還清。這兩百五十萬字，後來結集成書，就是民國七十八、九年間一口氣問世的十多部日本松本清張、赤川次郎等人原著的推理小說系列，讓人對這六十二歲的資深作家，不得不肅然起敬。

他再也不要像年輕時那樣，躲在山區鄉間自怨自憐。忙碌，是鍾肇政對抗痛苦最有效的方法。

他譯寫《日本文學名著精華》；創作中篇小說《夢與眞

實》；支持《台灣新文學》改爲《南方》以後的文學活動；飛美領台美獎；上電視做「客家文化講座」，每週一次每次三十分鐘；到日本筑波開會，會後與故鄉來的一個小團體會合，爲了籌建龍潭文化會館，參觀二十幾所文化社教設施；參與籌拍電影「魯冰花」；策劃《台灣作家全集》，掛名編委召集人。

一九九〇，台灣正式進入多姿多采、卻又混亂傾頹的九〇年代。

六十六歲的鍾肇政，還是忙忙碌碌地奔走在每一個需要他幫忙的地方，可是，爲著心愛的長子意外離去，以及扛著龐大的債務幾乎喘不過氣，看起來眞不像幾年前那樣意興風發、神采燦爛。

他很想一如過去任何一次徬徨猶疑的時候，回到他的文字裡，好像他可以在創作裡質疑掙扎，也可以在創作裡整理澄清。可是，「很想好好活過來的內在自己」和「蓬勃到幾近失序的外在社會」交相撞擊，第一次，他面對著稿紙幾次中輟，想要宣洩的情感和想要表達的主題都太大太多太亂了，讓他不得不懷疑，自己的筆是不是鏽了？甚至，也曾下定決心，寫不下去，從此就折筆做一個等死的老人。

從交出《台灣文藝》的重擔後，跳出對於日據時期的憤怒挫敗和創痛，以一種更美好、更壯大的心情完成《高山組曲》、《夕暮大稻埕》、《卑南平原》，走了兩趟美國，一直到愛子車禍爲止，走過那一段繁華高原後，鍾肇政忍不住開始懷疑，「死亡」和「衰老」是什麼時候悄悄走到他身邊來？

可是，怎麼甘心呢？他這一輩子，還眞不曾在遲疑挫折中放棄過啊！

第七章　禮物

有的人一輩子努力在尋找位子；

有的人奮力巧取豪奪；

有人得到位子；有些人得了又失；

更多的是，從來不曾碰觸過真正想要的位子。

弔詭的是，還有一種「不曾想要過什麼位子」的人，

只是老老實實、從來不曾改變方向地做他自認為應該做的事，

卻在不知不覺中，開拓出無從限制的、好大好大的位子。

怒濤拍岸

從第一部長篇《魯冰花》出發以後，鍾肇政就常常思索著，一個台灣作家的宿命，眞的只能讓所有的批判與期待、只能把心裡的悲哀與憤怒，壓抑在各種含蓄的包裝裡嗎？他所完成的重要著作，六〇年代的《濁流三部曲》；七〇年代的《台灣人三部曲》到八〇年代的《高山組曲》，都努力在呈現台灣人在各個不同的歷史階段中的生活現實。

政治解嚴、二二八禁忌開放後，他多麼想從慣常處理的開拓、抗日，延伸到戰後台灣面臨的歷史變局。從第一次聽吳濁流提起，二二八是台灣歷史大事，絕對應該寫下來，那已經是十幾二十年前的舊事了，以前覺得題材敏感不敢動筆，現在打算把它完成，又覺得下筆時常常被過度澎湃的激情撞擊著，胸臆間千言萬語以千軍萬馬的姿態奔騰而來，讓他不得不幾次中斷。

可是他又不能停下筆。

任何時候，鍾肇政都在腦子裡不斷思慮著，《濁流三部曲》和《台灣人三部曲》裡的每一個人，經歷過悲壯慘烈的逃竄游擊抗日這一連串歷程，瘋狂而歡喜地迎接「祖國光復」，沒想到，接納這批他們熱烈期待過的「祖國同胞」到了台灣以後，他們受到生活習性截然不同的撞擊，受到統治方式不公平的箝制，經歷過二二八的屠殺，經歷過白色恐怖「無時無地不驚惶」的潛移默化，一個一個都不願意表達內在的期待和想法，可是，究竟，他們心裡在想些什麼呢？

《高山組曲》所描寫的霧社事件起義原住民殘存者和他們的後代被強迫遷移至川中島，後來

鍾肇政沒想過要坐在那一個位子上

太平洋戰爭爆發時，這些和日本原有深仇大恨的高砂同胞竟又參加了日軍到南洋打仗，大戰結束後，他們回到台灣，又碰到二二八，他們會有什麼反應呢？

根據官方說法，「二二八」已經過去四十多年了，可是，對鍾肇政來說，始終沒有過去。這樣的恐怖屠殺，從來沒有一個公開形式的結束，該道歉的沒道歉，該賠償的沒賠償，只想糊裡糊塗、馬馬虎虎把她從歷史上抹去，直到今天，還一直影響

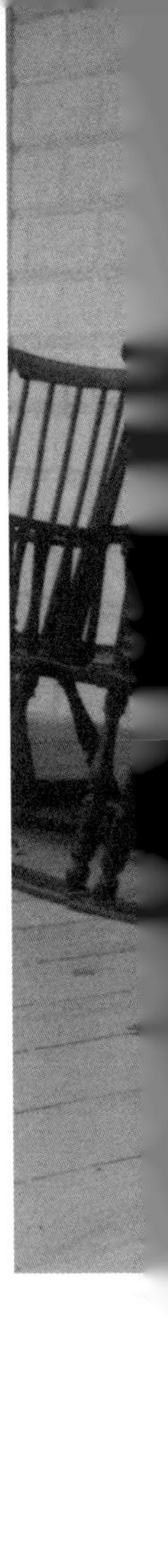

著台灣的社會文化，害怕政治，懦弱，凡事向錢看，這種不願面對「我們應該如何有尊嚴活下去」的「陰影文化」，會一直綿延下去，直到官方公開道歉，不只是爲了對死者表達歉意，更重要的意義是，透過「道歉」讓人們明白，像這種軍隊無理性屠殺人民的事情已經過去了，這些野蠻行爲已經成爲眞正的歷史事件，絕對不會在台灣歷史上重演。

鍾肇政氣力是衰微了，還好，倔強和執拗的意志力，隨著年齡，累積得越來越驚人。

歲月的沖刷焠鍊，讓他越來越相信，歷史的尊榮，主要來自於那個時代的民族自覺，努力爲時代留下一點痕跡，留下一個見證，凡是活過那個時代的，人人都可以做，而且做出來也會有其個人的特色，然後總合在一個共同的時代精神裡。個人的力量雖然有限，如果大家能合力起來，你做你的，我做我的，一定可以把那時代的精神、思想、和人們的喜怒哀樂呈現出一個整體的風貌。

以前寫《濁流三部曲》、《台灣人三部曲》、《高山組曲》時，受制於不安的政治氣氛，都只寫到光復，現在，他非常明確地看見自己的職責，一定要全面去記錄二二八，作爲過去所有作品的續曲。

即使在胸臆間已然激盪著千言萬語，下筆時卻因爲過於激動的情緒，每每停在稿紙間毫無進展。前後延宕一年餘，鍾肇政常常擱下筆，走入社會，藉著實際在這塊土地上做一點事，來平息創作中經常出現的「震顫」，那種他早已熟悉、卻始終不知如何是好的無邊無涯的「驚心動魄」！

反正，還有那麼多事情需要去做啊！他常常在心中經營著台灣島的文學夢想，認爲南部既有「鍾理和紀念館」，中部如果能建一個「賴和紀念館」，北部也蓋一座「吳濁流紀念館」，不僅可以延續到下一代的承傳，也能夠以這三所紀念館爲根據地，共同負起推動未來台灣文壇文運的使命。

明知道鍾理和紀念館的籌建過程，弄得台灣文學界人士疲乏不堪，不能再要求窮文人出錢出力了，一定要另找出路。鍾肇政找到賴和故鄉彰化的縣議員鄭英男和彰化出身的作家李篤恭，共同負起籌建工作，李篤恭的母親是抗日鬥士，和賴和有很深的淵源，鄭英男曾經是小說作家，因從商而停筆，但對文學仍深具熱誠，可惜，幾經波折，他們仍然沒有成功。

很多年以後，賴和的孫子蓋房子賺了錢，選定其中一棟大樓做「賴和紀念館」，在他們積極務實的籌建準備之後，鍾肇政除了參與

在街頭抗議，宣洩不滿和激情

「磺溪學會」的成立之外，爲了紀念賴和，根據一月三十一日賴和醫生的冥辰，推動二月四日「鬥鬧熱日」。

在更新的新生代之前，他眞的覺得自己責任重大，所以不顧眼力衰退，主編五十冊《台灣作家全集》，藉著總序，提出他的文學主張，一份風骨卓然的文學獨立宣言；參與各種文學講座和文藝營活動；配合鍾理和紀念活動和台灣筆會各種文學計畫，接任台灣筆會會長，帶會員上街頭參與社會改革，創辦台灣文藝營；接任台灣客家公共事務協會理事長，實際帶領客家運動種種風潮。

終於，他還是完成了心中念茲在茲的二二八小說稿《怒濤》第一部分，一九九一年元旦，開始在《自立晚報》連載。延續過去鍾肇政小說裡的紀實傳統，《怒濤》一書，循著三個年輕人的愛情與志業，速寫二二八前後的巨大變動，主軸清楚、背景強烈，在「客家人文

從街頭邁向建國

色彩」、「桃園地域特性」、「二二八史事」和「文學的企圖與完成」各層面，脈絡分明，和以前的作品比起來，最特別的是，收起了壓抑猶豫，強烈賁張的情緒到處都是，可以說，他是在上了年紀以後，才瘋狂地去宣洩年輕時的縱恣和激情。

在豐收中割捨

日子好像換了另外一種韻律在前進。一樣是忙忙碌碌的節奏，多的是激情、抗爭，以及僕僕風塵……。開會；演講；讀書會；客家文化研討會；代表文化界發起一〇〇行動聯盟；發起助選團；參與推動公投；在國家音樂廳推動鄧雨賢紀念音樂會，因爲音樂廳無理阻撓，寫信給李登輝專案解決；到美國、到日本、到德國參與講座與開會；每兩星期到武陵高中一次，爲國文教師講台灣文學；擔任師範大學人文講座駐校作家；義務擔任寶島客家電台榮譽台長、榮譽董事長；台灣客家公共事務協會榮譽理事長，赴美推動成立「世界台灣客家聯合會」；接任台北市客家文化基金會董事長……。

在同時代的資深作家幾乎都停下創作時，他仍然不斷有新書面世。出版長篇小說《怒濤》；書簡集《台灣文學兩地書》、《台灣文學兩鍾書》；遊記《北美大陸文學之旅——永恆的露意湖》；回憶錄《掙扎與徬徨》、《文壇交友錄》。

早年時，因爲他的創作，他得過「西區扶輪社文學獎」、「中國文藝協會文藝獎章小說創作獎」、教育部「文學創作獎」、「嘉新小說獎」、「吳三連文藝獎」。現在，因爲他的社會參與、

在鍾理和紀念館的全家福

他那永不止息的生命熱情，他繼續得了很多獎：台美獎、鹽分地帶文化獎、客家台灣文化獎、國家文化藝術基金會「文藝獎」、文學台灣基金會「台灣文學獎」、眞理大學「台灣文學牛津獎」、同時召開「福爾摩沙的文豪——鍾肇政作品研討會」，李總統頒授二等景星勳章……。

生命到了豐收的時候，其實也就是割捨的時候。

不斷有人去探看他、採訪他，所有的舊事曾經這樣觸痛他，也在一點一滴的疼痛裡，讓他豐富、讓他甜蜜，讓他在酸澀中，咀嚼出千般滋味，可是，他站在台灣歷史的洪流裡，已經沒有任何自私的理由，一次又一次，他把他保存的相片、

鍾肇政夫婦和平妹在鍾理和紀念館

收藏的書信，交由讓他充滿期待的「台灣文學新世代」去整理。

在「速食年代」長大的新生代，當然和他非常不一樣。有很多人讓他傷心，也有很多人讓他感動。

七年前，還在念博士班的錢鴻鈞到花蓮參加「客家夏令營」，第一次，聽見了、也看見了「鍾肇政」。那時候，鍾肇政對他還眞沒有什麼印象，只發現，營隊的照片洗出來，每一張照片裡，他旁邊都有一張相同的臉。那張不斷貼著他出現的臉，就是錢鴻鈞。

在工研院上班的物理學博士錢鴻鈞，從來不相信「前世」，可是，如果不是因爲前世的宿命，怎麼解釋這個孩子從一知道這個名字、一見到這個人，就不顧一切地沉迷在鍾肇政的世界裡？替他開車，替他蒐集整理著任何一張箋注、便條，替他成立網頁……，套一句鍾肇政自己的形容：「他迷我迷到腦子糊塗了。」

究竟是糊塗，還是清醒呢？錢鴻鈞可以大段大段地背誦鍾肇政小說裡的句子；也願意長年累月把他的書、他的信、他隨筆留下的文字鍵入電腦裡；他送了超過六百萬字的書信到印刷廠去打字；到處拜託人家替鍾肇政的日文信翻成中文……，讓更多人可以更簡潔、更準確地進入鍾肇政的文字世界。鍾肇政很喜歡這個孩子，就把身邊無數的信件都給了他。

桃園縣立文化中心計畫編輯整理《鍾肇政全集》。鍾肇政幾經周折，總算取得遠景出版社沈登恩簽下《濁流三部曲》、《台灣人三部曲》、《魯冰花》這三部作品由桃園文化中心轉載刊印於《鍾肇政全集》的版權同意書，至於他自己的文字、照片、稿費、版權……，沒有一件俗世的物質需要，他還會放在心上。

作家身影

一九九八年，鍾肇政七十四歲。春暉影業公司企劃「作家身影」，準備拍攝鍾肇政紀錄片，由中影導演周晏子負責拍攝。他們到龍潭鍾宅訪問拍攝，並借回作品三十五本、相簿六冊，到新竹拍攝鍾肇政的網頁、書信、甚至是上淡江中學時所用的柳條箱；跟著他的日常行程，他們拍他講話，拍他開會、拍他演講、拍他主持文化討論會、拍他在父親冥誕時家人會聚在家紀念過世的父親、拍他寫毛筆字、拍他因為《鍾肇政回憶錄》領取一九九八年台灣本土十大好書獎……。

和客家工作伙伴在苕林鄧雨賢宿舍前

並且根據編年設計腳本。到台北拍攝童年居住過的大稻埕貴德街時，他好像整個人重新活了起來，當年居處右鄰怡和洋行，已經改建成怡和大廈，彷彿還能聽見裡面人們打麻將的聲音，左斜對面陳天來居處的氣派，《八角塔下》描寫的青少年時期初戀對象——阿純與彩雲——就是以這裡做背景，上太平國小一年級時，走路上學的路線，經過霞海城隍廟一路上看到電影海報，回家後會念出海報上的漢字電影名稱，令家人十分驚奇，和大人到永樂座、第一劇場看戲……。

到淡江中學拍他與曹永洋閒談就讀淡中五年間的往事。坐在馬偕紀念圖書館前面馬偕銅像前想家、撿貝殼要帶回去給妹妹、假日坐在八角塔旁的教室走廊看書、偶爾抬頭看到天上爆開朵朵高射砲彈……。

在龍潭，由南龍路十一號，那間被張良澤譽爲「戰後台灣文學發祥地」的鍾肇政舊時宿舍出發；再到龍潭國小百年老榕樹下述說童年；走往聖蹟亭，數十年前最常流連的地方；到南天宮，潭邊矗立的鄧雨賢銅像前，父親曾是鄧雨賢父親鄧旭東的學生；到九座寮祖屋，回顧鍾家歷史，出生時所住的屋子還在，只是無人居住，改建過的祖屋，也找不到過去的影像了。

最後，到大溪拍攝大溪國小；又到大溪街上拍攝年輕時鍾肇政任教於大溪宮前國校時所住的宿舍，雖然只殘留前面的門樓，還是可以看出當年的氣派，這就是《濁流》書中的場景；大溪公園是當年經常流連的地方，在這裡散步、吟詩、思考；到過去父親任教的百吉國小(昔爲八結)……，歷時一年的鍾肇政紀錄片拍攝工作，總算告一段落。

美濃文學步道

隨著紀錄片的進行，鍾肇政清楚地看見，在看起來沒有太大變動的人生裡，原來，自己已經走了那麼一段漫漫長途。

對大部分的人來說，鍾肇政成爲一種文化資產，對他來說，每一次回顧，卻都是一種甜蜜與酸澀交織的撞擊，那個輕飄飄、瘦稜稜的作家身影，那些「矮個兒」不得不承受的悲涼寂寞，好像，只剩下他一個人自咀自嚼。

誰都以爲，他已經壯大到成爲台灣文化史上的象徵。平埔族學會成立邀請他擔任籌委會名譽主委；桃園縣政府「客家文物館」第一次審查會議，聘任他當審查小組召集人；和當年還是台北市長的陳水扁共同主持台北客家文化會館揭幕式；台灣省文獻委員會召開客家史編撰會議時，由他擔任總召集人……。

各個文化中心、文化會議，以及各大學、社團的演講座談，開始以「鍾肇政」這個名字作爲本土文化的指標。《聯合報》邀請他在台北國家圖書館國際會議廳爲「展望二十一世紀兩岸中國文學研討會」做閉幕演講，不過，他還是特別注意到，演講辭刊在聯合副刊時文字被改動不少，例如，「中國」一律被改爲「中國大陸」；眞理大學前身淡水學院舉辦「台灣文學的瑰寶——葉石濤文學會議」時，由鍾肇政發表開幕演講：「談葉石濤的翻譯」，並且在次年接著召開「鍾肇政文學會議」……。

他一點都不肯轉彎地走了七十幾年歲月。

一個人的寂寞

看起來鍾肇政很熱鬧，可是，眞正認識他、看見他的人，究竟有多少呢？

他的屋子裡，永遠充滿了川流不息的人群。不斷有人問他，關於未來的計劃。他總是搖搖頭說：「都告別青春了，還能有什麼期望？」

昔日東吳大學東語系的學生；仰慕他的晚輩；同學朋友過往故舊的子女；各級學校有志於台灣文學承傳的老師；邀約他助選助講的政治人物；各個文化活動或文化團體的負責人……，每一批因爲順路或刻意來看他的人們，忙忙亂亂地繞著他打轉，可是，他仍然一個人寂寞著。

和那個隨時待在他身邊的「衰老」，爭執、抗爭、妥協、放棄，又再爭執、抗爭、妥協、放棄，爭執抗爭妥協放棄……，任何時候掛了電話給他，問起他最近在忙些什麼？無論行程多麼緊湊，無論身邊有多少學生朋友訪客故舊……，他習慣淡淡地說：「每一天都在忙著衰老。」

一個小小的感冒，一發作，咳嗽連連，夜裡無法安睡，精神一差，輕易引發肺炎，不得不進醫院接受治療，連生日都得和一屋子的病弱藥水相依相親。七十好幾的鍾肇政，鬢髮霜白了，齒牙動搖了，視界血性氣力都衰微了……，可是，這樣的創作者一提起筆，還是要描寫，一種絕美的愛戀。

從年輕時最初的《魯冰花》到七十幾歲的《怒濤》，其中，總有一個兼具「出塵純淨」和「土地母性」的完美女主角，和一個懷著「熱情的想望」，卻又暴露出「行動上的遲疑」的男主角，交錯出一種多情和悲哀，就如鍾肇政，數十年如一日地多情而悲哀著。

經歷過漫漫人世的失落與悲哀，在最後一本長篇小說《怒濤》裡，鍾肇政仍然一如年輕時那樣相信著，一種純靜的愛。

征戰前夕，從頭到尾和志驍並沒有太多機會深入交往的由美，在志驍準備將個人的一切、生命都交付予這場戰爭時，送他一塊花王香皂，在每一個人都痛楚得不知如何是好時，香皂的柔潤細薄，那若有似無而又無限擴散的香氣，是由美，是我們從不失落的美夢，當然也是每一

2000年5月3日，由李總統授勳後留影

個男子心中的「完美女性」。

在現實生活裡幾乎讓愛絕塵的鍾肇政，在文字裡投注這麼多的愛情嚮往，簡直像一個公案。很多人都很好奇，爲什麼在鍾肇政的文字裡，可以數十年如一日地呈現了「純淨的完美女性」？

也許，一個「完美女性」，是一個塵俗男子永恆的需求。從年輕到老，這種憧憬其實是永遠不會改變的，是本能，也是自然。拿起筆，那個固定的「完美女性」形象，很自然會自動跳進書裡一再出現。當然有很多人懷疑過，這樣熱烈崇拜著「完美女性」的鍾肇政，在年輕成名後，有那麼多機會和那麼多不同特質的女性認識相熟，是不是曾經，悄悄走過一段浪漫醇美的禁忌愛情歲月？

「愛在很多創作者中，是必要的因素。他們必須經歷不斷的女人、不斷的愛情，才能有不斷的作品出現。」鍾肇政沉思了一下，淡淡說：「可是，對我來說，不必藉著愛情的觸發，我還是可以不斷地創作。也許是機運、也許是個性，或者更多的原因是一種發自內心的矜持，我喜歡做一個能夠自我約束的正人君子，尤其，愛情的發生，需要機遇，我不會刻意去追求。」

他眞的有一種不願意刻意追求的非常「日本武士精神」的愛的形式。央求他摟近妻子拍一張「比較親密」的照片，他雙手放在小腹上，圈出一個小小的臂彎，神色凜然地說：「我不會抱人家。如果她想要勾著我的手，我不反對，就給她勾吧！」

很有意思吧？

我們這個社會，變動得這麼快，一切都那麼速成，男人太容易接近女人，而在一個又一個女人的追求過程中，「完美女性」的夢想，自然跟著破滅，很快，他們就不得不相信，在現實生活中，「完美女性」是不存在的。

鍾肇政不一樣。他的生活太簡單、太純粹了，所以可以讓自己一輩子純淨下去，一直保持著純淨的「完美女性」的嚮往。是他的堅持，其實也是他的幸福。

所以他的內在，隨時膨脹著一種流動而充足的飽滿。

看起來，氣力是衰退了，精神張力，卻永遠令人不能揣度地飽漲著，隨時在思索；隨時在打轉；隨時在自問自答……。在面對年輕的採訪者對他感情世界的試探和好奇時，他想到四歲時洗完澡姊姊在他身上抹痱子粉的手；想到年輕時觸摸妹妹同學時讓他震顫的胸部；想到那麼些難言的故人舊事，腦子裡轟轟轉著，直到，自己可以清楚地下了判斷，那些往事，並沒有影響到他未來心理和生理上的發展，所以，始終沒有說出口。

從四歲第一次性的醒覺、到青澀的試探、到愛戀翻騰、到結婚生子，一路走到已然衰頹的現在，他仍然，延續著豐沛的自省能力。那樣清楚地看見自己，一個人掙扎，一個人徬徨，一個人堅持，一個人愛過然後失落，一個人，寂寞。

禮物

一九九九年二月，鍾肇政次子鍾延威得子，取名鍾隆一，這是他的第一個孫子，和他生日只差兩天。五月，主持吳濁流文學獎頒獎典禮時和大家說明，明年起，吳濁流獎將由林建隆負責，終於，他要卸下這背負了三十幾年的重任了。

長孫鍾隆一，是最美好的禮物

也許，這是老天爺送給他最美好的禮物。

小孫子出生以後，生活總算有了一點點鮮豔的顏色，好像，也把好運一起帶了來，在很短的時間裡，他得了國家文藝基金會文學類「文藝獎」；文學台灣基金會「台灣文學獎」；眞理大學「台灣文學牛津獎」，同時召開「福爾摩沙的文豪——鍾肇政作品研討會」。

不再爲文學承擔重任的鍾肇政，才剛要鬆一口氣，又面臨即將在兩千年決定台灣前途的總統大選。他一輩子害怕的恐怖陰影；他寫不完的台灣創痛；關於二二八的眞相公開與道歉；他在窘蹙痛楚中一次又一次堅持的論戰計畫夢想……，他一生的選擇和付出，都爲了等待一次不同的可能。

幾乎沒有別的選擇，六月，他接下桃園區「阿扁之友會」會長，開始和期待更多「向上提昇」力量的台灣文化工作者、台灣孩子、所有隱藏在台灣羽翼底下每一顆熱烈的心，搏一場生命的賭局。

就職前的阿扁總統到龍潭鍾宅探訪，並當面聘鍾氏為總統府資政

二〇〇〇年三月十八日，他支持的陳水扁當選總統。誰也不會相信，台灣從此就會「國泰民安、世界大同」。但是，我們開始期待，也許，眞的有一種「向上提昇」的力量，會帶著台灣往更好的地方走去。

五月三日，他在總統府裡從李登輝總統手裡接下「二等景星勳章」；第二天，五四文藝節夜裡，新任總統陳水扁到龍潭拜訪，聘請鍾肇政擔任總統府資政。前後兩任總統，都看見他的努力。

鍾肇政一輩子只想做一個有機會好好做事的人，也許，命運一直都聽見他的聲音。這是台灣作家首次獲邀擔任總統府資政。也許是個機會，也可能又是一個脫不下的負軛，他還有很多事必須去做，很想成立國家藝術院，讓台灣的藝術起飛，讓藝術家更有尊嚴，然後，可以等待一次，台灣的「文藝復興」。

曾經，在台灣文學史上，有一小段時間，我們瘋狂跟著白先勇創造出來的將軍、夫人和永遠的尹雪艷，追悼著消失的大陸風華；追隨著什麼都不願意沾黏的張愛玲，幽靈般悵悵嘆了口氣：「不管怎麼樣，我想我們都回不去了！」

然後，我們終於有機會，看見鍾肇政，用一生的生活內容，寫下一個文化的新起點。執拗，純粹。在泥土裡溫暖，隨人群豐富，面對著橫逆挫折勇敢地站起來。從一個民族、一個國家的發展史裡來看，不過是很小很小的一小筆，對大部分的我們來說，卻代表著，他的生命風格，已然帶領著我們，用最溫柔、最無害的方式，向前跨躍了，好大好大的一大步。

他還是如平常一樣，靜靜地，籌辦吳濁流百年紀念活動。像過去七十五年的每一天，打開眼睛，就努力向夢想靠近，即使只是一點點、一點點……。

閱讀年表

鍾肇政

我們把鍾肇政的一生，做成簡表。
如果有機會，讀書會、生活營、文學營、
歷史研究、鄉土討論、學院研究、
中小學教師進修……，
或者只是兩三個朋友間刻意「有點不一樣」的聚會，
無論是針對台灣、針對文學、針對客家、
針對桃園、針對人文風土……，
讓這些資料活生生地在尋常日子裡行走，
我們每一個人，都可以在一小節一小節的整理裡，輕鬆看見鍾肇政。

年輕的鍾肇政

■1925—1931（一歲—七歲）

・一月二十日鍾肇政生於桃園縣龍潭鄉九座寮。鍾家來台第一代是貧窮的農民，第二代成為地主，因為不識字而吃虧的事經常發生，於是開始培養下一代，讓第三代讀書。然後，第六代，一個男孩誕生。

・父親一連生了五個女兒，第六個才生下鍾肇政。

・父辭教職，遷居台北市，鍾肇政很會講福佬語。

・入台北市太平公學校就讀，開始學日文，後遷居桃園市，轉桃園公學校就讀。

■1932—1934（八—十歲）

・遷回故鄉龍潭，就讀龍潭公學校二年級，從頭學習客家話，福佬語又疏遠了。

・父親開一家小小雜貨店，賣香煙、鹽等專賣品，還有一些日常用品。開始做禮拜。

- 「抽糖」抽到小口琴，只要聽過的曲子就會記譜。去教堂做禮拜唱聖詩，聽到叔父唱不同的音調（第二部），在學校上音樂課唱歌時，模仿叔父唱第二部，挨罵。
- 標準的小說迷看很多種刊物，如《少年俱樂部》、《譚海》、《少女俱樂部》、《新青年》等，自己塡寫四聯的劃撥單到日本訂閱雜誌。
- 三年級時，有位老師大聲宣佈說他將來長大了要娶某某同學做老婆，同學聽了就大聲歡呼叫了起來。那可能就是初戀。

■1935—1942（十一歲—十八歲）

- 畢業於龍潭公學校，報考新竹中學未錄取。入私立淡江中學就讀，住校。
- 入學不久父親任八結分教場主管（大溪鎭八結，現在叫做百吉），全家自故鄉搬來此。
- 因爲日本舍監管理嚴格，每天點名三次。和導師在晚間自習後衝突。
- 在校內圖書館偷借一本《霧社事件討番記》，看過後藏在床舖下被查獲，寫悔過書。

■1943—1944（十九歲—二十歲）

- 畢業於淡水中學，報考上級學校，未獲錄取。
- 任大溪宮前國民學校助教。妹妹在桃園開始念女學校，來大溪一起住。
- 背「色盲表」逃過了志願兵。可是，又變成第一屆徵兵適齡的役男。

・辭教職，入彰化青年師範學校就讀，結識同學沈英凱，開始讀世界文學名著。

・正值大戰期間，天天都會有空襲警報，晚上不准點燈，也就不能看書了。學校規定每一個學生自己挖個防空壕，躲在墳坑看書。

■1945—1948（二十一歲—二十四歲）

・畢業於彰化青年師範學校，因「學徒動員令」服日本兵役學徒兵（海防警備兵），駐守大甲。抄了厚厚幾本筆記本，思想性的，句子美的，含意深的……當兵時根本沒有書看，就靠這些札記過日子。某日上廁所站起來時竟把這幾本筆記本掉下便坑去了，以後好幾天，失魂 落魄，難過了好一陣子。

・當兵時患熱帶瘧疾，天天發高燒，聽覺受損，一直戴著助聽器。

・日本投降，第二次世界大戰結束。

・任龍潭國民小學教師。開始讀祖國語文，如《三字經》、《百家姓》、《增廣賢文》、《幼學瓊林》……等。學ㄅㄆㄇ，買字典，認眞學國語。

・考上了臺大中文系，因爲耳朵弄壞了，上課的時候，聽不清老師在說些什麼。只好休學返回龍潭任原職。

鍾肇政成熟了

■1949—1956（二十五歲—三十二歲）

・第七次相親，與同鄉三坑村張九妹結婚。九年間生養五個子女。

・《自由談》以「我的另一半」爲題向各界徵文，寫出生平第一篇文章〈婚後〉。此後亦寫亦譯，勤奮學習讀寫，開始投稿生涯。

・試譯西洋詩篇（經由日文），並撰寫兒童讀物，刊出者數十篇，出版創作理論《寫作與鑑賞》。可是創作稿均遭退，首部長篇小說〈迎向黎明的人們〉完稿，未獲發表。

■1957—1963（三十三歲—三十九歲）

・編印《文友通訊》1.發行油印刊物一種，每月一期。2.作品輪閱，閱後提出批評意見。3.作品評論，對文友的作品提出批評。到一九五八年九月止共發行十六次而結束。

・再次試寫長篇小說，完成《魯冰花》，爲發表的首部長篇，非常轟動，並且拍成電影。

・好友鍾理和病逝，年四十五，撰「悼理和兄」。與林海音、文心等人組成「鍾理和遺著出版委員會」，出版小說集《雨》（文星書店出版）、《笠山農場》（學生書局發行）。

・獲台北市西區第六屆扶輪社文學獎。

・出版中篇小說集《殘照》，長篇小說《大壩》、《大圳》；編寫電視劇「公主潭」等十餘種。

・完成長篇小說「濁流三部曲」第一部《濁流》第二部《江山萬里》第三部《流雲》，而後獲第二屆吳三連文藝獎。

■1964—1979（四十歲—五十五歲）

・吳濁流創辦《台灣文藝》月刊，鍾肇政協助小說編輯。籌辦「吳濁流文學獎基金會」，設「吳濁流文學獎」，吳濁流過世後接下棒子，獨撐《台灣文藝》六年。

・主編「本省籍作家作品選集」和「台灣省青年文學叢書」。

・獲中國文藝協會第七屆文藝獎章小說獎。獲教育部五十五年度文藝獎金文學創作獎。

・出版中短篇小說集《輪迴》、《大肚山風雲》；台灣民間故事新編分成《靈潭恨》、《大龍峒的嗚咽》。完成長篇小說《八角塔下》上、下部；《馬黑坡風雲》、《青春行》、《綠色大地》、《望春風》；長篇傳記小說《丹心耿耿屬斯人——姜紹祖傳》。

・長篇小說「台灣人三部曲」第一部《沉淪》獲嘉新文學獎。親自改編成電視劇「黃帝子孫」在台視播出，編寫電視劇本「茉莉花」、「老人與小孩」、「喬遷之喜」等十餘部，陸續爲電視台編寫劇本，並且繼續完成「台灣人三部曲」第二部《滄溟行》

第三部《插天山之歌》。

・編譯《世界文壇新作家》、《名著的故事》、《名曲的故事》、《文明的故事》、《西洋文學欣賞》、《歌德自傳》、《希臘神話》、《日本人的哀亡》、《金閣寺》、《高中生心理學》、《非洲故事》、《史懷哲傳》、《名片的故事》、《戰後日本短篇小說選》……

・應東吳大學東語系之聘擔任講師，講授日本文學及翻譯。

・應聘為《民眾日報》副刊室主任，兼副刊主編。

・歷任小學、大學教師凡三十二年，正式退休。

■1980──1982（五十六歲──五十八歲）

・撰寫《原鄉人──作家鍾理和的故事》，偕同北部文友多人南下美濃笠山鍾理和故居，並與鍾理和遺孀鍾平妹一起主持鍾理和紀念館破土典禮。

・編著《中國古典名著精華》；編撰《不滅的詩魂──對談評論集》。

・應邀參加文藝訪問團，赴韓、日訪問，歷時一整月。

・交卸《台灣文藝》雜誌社務與編務，由陳永興接辦。

豐收人生

1982——1983（五十八歲——五十九歲）

・蟄居鄉間，深入霧社各部落作田野調查及訪問山地故老著手《高山三部曲》，完成第一部《川中島》、第二部《戰火》，第三部因故未能續寫而告中輟。
・爲寫《夕暮大稻埕》屢赴台北大稻埕採訪。

1983——1988（六十歲——六十四歲）

・「台灣文學之父」賴和獲平反，重入忠烈祠，籌建「賴和紀念館」。
・爲寫《卑南平原》赴台東訪問，詳作田野調查。
・應邀赴美訪問。經加拿大、日本，歷時八十五天，十餘場演講，回國後陸續撰寫遊記。
・長子延豪遭車禍亡故，忙著還債，改寫日本電視劇《阿信》成小說；編寫《日本文學名著精華》；兩年半內譯寫兩百五十萬字，日本松本清張、赤川次郎等人的十多部推理小說系列，所得稿費只夠付利息，視力因此受損，看書或寫稿只能持續半小時，約兩年後始漸漸恢復。
・飛美領「台美獎」，來回共二十天。

■ **1989—1993（六十五歲—六十九歲）**

・完成長篇小說《怒濤》；出版書簡集《台灣文學兩地書》；《北美大陸文學之旅——永恆的露意湖》。
・主編《台灣作家全集》五十冊。
・「客家文化講座」每週一次每次三十分鐘。參與美國客家夏令營。籌辦龍潭客家民俗文化大展，籌建「龍潭文化會館」，赴日參觀二十幾所文化社教設施。
・獲鹽份地帶文藝營文學貢獻獎。獲第五屆客家台灣文化獎。
・就任「台灣筆會」會長及「台灣客家公共事務協會」會長，帶兩會會員頻頻上街頭，創辦「台灣文藝營」。
・積極參與各種有關「台灣」、「文學」、「客家」等主題的演講、座談、文藝營、讀書會、文學會議、文化研討會。
・創辦賴和紀念館「鬥鬧熱日」。鍾理和紀念活動。一〇〇行動聯盟代表文化界做發起人。助選團發起人大會。公投會經費稽查委員會。推動鄧雨賢紀念音樂會於國家音樂廳。

■ **1994—2000（七十歲—七十六歲）**

・寶島客家電台榮譽台長，後轉爲榮譽董事長，又轉爲現任董事長。接任台北市客家文化基金會董事長。參加「客家文化生活營」，營隊辦了十屆，擔任了十次營長。

・台北客家界「陳水扁競選台北市長後援會」初任及連任會長；「呂秀蓮競選桃園縣長後援會」初任及連任會長；桃園縣政府「客家文物館」審查小組召集人；與台北市長陳水扁共同主持「台北市客家會館」揭幕式；台灣省文獻委員會「台灣客家族群史編撰委員會」總召集人。

・遠赴日本下關，爲參加馬關條約一百週年紀念會演講。受客家鄉親邀請至德國訪問。連年赴美參加美國客家鄉親懇親大會，推動世界台灣客家連合會成立，於新竹縣文化中心舉行慶祝大會。

・至武陵高中爲國文教師們約兩星期講一次台灣文學，共十次，講詞結集成《台灣文學十講》出版。

・師範大學人文講座駐校作家。

・出版《台灣文學兩地書》、《台灣文學兩鍾書》、《鍾肇政回憶錄》上下冊，均入選一九九八年台灣本土十大好書。

・春暉影業公司拍攝「作家身影」鍾肇政紀錄片。

・桃園縣立文化中心出版鍾肇政全集。預計共二十二冊，每冊六〇〇～七〇〇頁，一九九九年度出版四冊，二〇〇〇年出十冊，三或四年內出齊。

・「平埔族學會」名譽主委。總統大選，桃園縣「阿扁之友會」會長。

・獲第三屆國家文化藝術基金會文藝獎（文學類）；文學台灣基金會「台灣文學獎」；眞理大學「台灣文學牛津獎」，同時召開「福爾摩沙的文豪——鍾肇政作品研討會」連續赴成功大學、元智大學擔任特別講座。

・千禧年，五月三日獲李登輝總統頒贈二等景星勳章；五月四日應陳水扁總統親聘爲總統府資政。

・籌辦吳濁流百年紀念活動。

閱讀年表

國家圖書館出版品預行編目資料

鍾肇政的臺灣塑像 / 黃秋芳著. -- 初版 -
臺北市 : 時報文化, 2000[民89]
面 ;　公分. -- (藝術大師 ; 10)

ISBN 957-13-3290-9(平裝)

1. 鍾肇政 - 傳記

782.886　　89019488

藝術大師10
鍾肇政的台灣塑像
作　者　黃秋芳
董事長　孫思照
發行人
總經理　莫昭平
總編輯　彭蕙仙
出版者　時報文化出版企業股份有限公司
108台北市和平西路三段二四〇號三樓
發行專線—（〇二）二三〇四—五一九〇轉一一三～一一五
讀者服務專線—〇八〇〇—二三一七〇五・（〇二）二三〇四七一〇三
讀者服務傳真—（〇二）二三〇四六八五八
郵撥—〇一〇三八五四〇時報出版公司
信箱—台北郵政七九～九九信箱
時報悅讀網　http://www.readingtimes.com.tw
電子郵件信箱　history@readingtimes.com.tw
主　編　吳家恆
美術設計　不倒翁視覺創意工作室
校　對　李昧・黃秋芳・鍾肇政
印　刷　嘉雨印刷有限公司
初版一刷　二〇〇〇年十二月二十日
定　價　二八〇元
行政院新聞局局版北市業字第八〇號

◎財團法人國家文化藝術基金會贊助出版

書名　鍾肇政的台灣塑像	編號 MT010	

姓名 ________________________________ 性別 □男□女

出生日期 ______年______月______日

身分證字號 ________________________________

學歷 □小學 □國中 □高中 □大專 □研究所（含以上）

職業 □學生 □公務（含軍警）□家管 □服務金融 □製造 □資訊

□大眾傳播 □自由業 □農漁牧 □退休 □其他

地址 □□□________________________________

（下列資料請以數字填在每題前之空格處）

您從哪裡得知本書

______ 1.書店 2.報紙廣告 3.報紙專欄 4.雜誌廣告

5.親友介紹 6.DM廣告傳單 7.其他

您對本書的意見

______ 內容 1.滿意 2.尚可 3.應改進

______ 編輯 1.滿意 2.尚可 3.應改進

______ 封面設計 1.滿意 2.尚可 3.應改進

______ 校對 1.滿意 2.尚可 3.應改進

______ 定價 1.滿意 2.尚可 3.應改進

您希望我們爲您出版哪一類作品

______ 1.文學 2.音樂 3.美術 4.舞蹈 5.戲劇 6.其他______

您希望我們爲您出版哪一位作者的著作或回憶錄

1.__________ 2.__________ 3.__________

您的建議

____

廣告回郵
北區郵政管理局 登記證北台字1500號
免貼郵票

108台北市和平西路三段240號4樓
時報出版公司　收

讀者服務專線 (080)231-705．(02)2304-7103
讀者服務傳眞 (02)2304-6858
郵撥 01038540 時報出版公司

請沿虛線撕下後對折寄回，謝謝！

請寄回這張服務卡（免貼郵票），您可以——
●隨時收到最新消息 ●參加專爲您設計的各項回饋優惠活動

寄回本卡，掌握藝術大師系列的最新訊息

藝術大師 IO
鍾肇政的台灣塑像